叢書主編
張海鷗

讀懂
當代中國

當代中國

徐永清　著

地　理

U0064200

中華書局

中國地圖

烏魯木齊○

新疆維吾爾自治區

黑龍江省
○哈爾濱
吉
長春
林
省

瀋陽○
遼寧省

河
★北京
北京市
河北省
天津

呼和浩特○

甘
肅
省

銀川
寧夏回族
自治區

陝
西
省

山西
太原○
山省

石家莊○

濟南○
山東省

黃
海

青海省
西寧○
蘭州○

鄭州○
河南省

安
合肥
徽
○
南京
江蘇
省

上海
上海市

西藏自治區

拉薩○

四川省
成都○

重慶
重慶市

湖北省
武漢○

長沙
湖南省

南昌○
江
西
省

杭州○
浙江省

東海

昆明○
雲南省

貴陽○
貴州省

廣西壯族
自治區
南寧○

廣州○
廣東省

福州○
福建省

釣魚島
赤尾嶼

台北
台灣海峽
台灣島
蘭嶼

香港
澳門
澳門

東沙群島

海口○
海南省
海南島

西沙群島
永興島

南
海

中沙群島
黃岩島

南
沙
群
島

曾母暗沙

圖　例

★ 北京　首都

○ 天津　省級行政中心

未定　國界

省・自治區・
直轄市界

特別行政區界

1 : 42 000 000

審圖號 : GS(2019)1700號
自然資源部 監製

目 錄
Content

第一章

遼闊國土

錦繡中華

　　中國歷史悠久、幅員廣大、資源豐富、人口眾多。在祖國遼闊的大地上，有崔嵬的高山，奔流的江河，廣闊的平原，低緩的丘陵，茫茫的荒漠，櫛次鱗比的城鄉，和勤勞勇敢的人民。

　　中華人民共和國位於亞洲東部、太平洋西岸，國家領土北起黑龍江漠河，南至南沙羣島的曾母暗沙，東起黑龍江與烏蘇里江的主航道匯合處，西至帕米爾高原。全國陸地總面積約 960 萬平方千米，可管轄的海洋面積約 300 多萬平方千米。

　　國家統計局 2023 年 1 月 17 日發佈，截止至 2022 年末，全國人口（包括 31 個省、自治區、直轄市和現役軍人的人口，不包括居住在內地的港澳台居民和外籍人員）141175 萬人。

　　中華民族包括漢族、滿族、蒙古族、回族、藏族、維吾爾族、苗族、彝族、壯族、布依族、侗族、瑤族、白族、土家族、哈尼族、哈薩克族、傣族、黎族、傈僳族、佤族、畲族、高山族、拉祜族、水族、東鄉族、納西族、景頗族、柯爾克孜族、土族、達斡爾族、仫佬族、羌族、布朗族、撒拉族、毛南族、仡佬族、錫伯族、阿昌族、普米族、朝鮮族、塔吉克族、怒族、烏

孜別克族、俄羅斯族、鄂溫克族、德昂族、保安族、裕固族、京族、塔塔爾族、獨龍族、鄂倫春族、赫哲族、門巴族、珞巴族、基諾族共 56 個民族。漢族是中國的主體民族，佔全部人口的91.51%，其他 55 個民族佔全部人口的 8.49%。

中華人民共和國首都是北京，全國共劃分為 4 個直轄市、23個省、5 個自治區、2 個特別行政區。

錦繡中華，江山多嬌。

地球上的地理方位

中國地處於北緯 3°—53°、東經 73°—135°，位於亞歐大陸東南部，東臨太平洋，西部和北部深入內陸，陸地疆域主要在中緯度區域，從太平洋沿岸一直延伸至歐亞大陸深處，東西跨經度有 60 多度，跨了 5 個時區，東西距離跨約 5200 千米，東西時差達 4 小時以上。南北跨越的緯度近 50 度，南北距離約為 5500千米。

中國陸地總面積約 960 萬平方千米，約佔世界陸地面積的1/15，依據國家相關法律，中國可管轄的海域包括內水、領海、毗連區、200 海里專屬經濟區和大陸架，約 300 多萬平方千米。

中國的陸地疆界長約 2.28 萬千米，是世界上陸地邊界線最長和鄰國最多的國家，與 14 個陸上鄰國接壤，從鴨綠江口開始到北侖河口，按逆時針順序依次為朝鮮、俄羅斯、蒙古、哈薩克斯坦、吉爾吉斯斯坦、塔吉克斯坦、阿富汗、巴基斯坦、印度、尼泊爾、不丹、緬甸、老撾、越南。陸疆臨邊的有遼寧省、吉林

省、黑龍江省、內蒙古自治區、甘肅省、新疆維吾爾自治區、西藏自治區、雲南省、廣西壯族自治區。中國漫長的邊界是多年歷史形成的，曾有過多次變遷。中國大陸的東部和南部，與日本、菲律賓、馬來西亞、印度尼西亞、文萊等國家隔海相望。

中國大陸海岸線北起中朝邊界的鴨綠江口，南抵中越邊界的北崙河口，長約 1.8 萬千米。島嶼海岸線總長 1.4 萬千米。中國海域由北至南分為渤海、黃海、東海、南海及台灣以東的太平洋海域。沿海岸有較大的海灣 150 餘個，面積大於 500 平方米的島嶼6500 多個，其中約 85% 的島嶼分佈在杭州灣以南的大陸近岸和南海之中。台灣島是中國第一大島，第二大島是海南島。南海諸島、釣魚島、赤尾嶼等島嶼屬於中國固有領土。

按照所跨經度和理論時區的劃分標準，中國分屬 5 個時區，東西時間差異大。雖然經度跨度很大，但人口分佈以騰沖－黑河一線為分界線，東多西少，絕大多數人口都集中於中間兩個時區的管轄範圍內，中東部地區人口分佈相對均勻。因此，中國統一使用東 8 區的區時作為疆域內的標準時，有利於生產調配和交通運輸。

中國最東端，在黑龍江省撫遠市黑龍江和烏蘇里江的主航道中心線相交處，位於東經 134°46′。烏蘇里江長約 909 千米，流域面積約有 187000 平方千米，是黑龍江支流，也是中國與俄羅斯的界河。撫遠市地處黑龍江、烏蘇里江交匯的三角地帶，東、北兩面與俄羅斯隔黑龍江、烏蘇里江相望。

中國最西端，在帕米爾高原，位於東經 73°40′。帕米爾高原，中國古代稱葱嶺，平均海拔 4000 米—7700 米，地處中亞東南部、中國的最西端，橫跨塔吉克斯坦、中國和阿富汗，是亞洲

多個主要山脈的匯集處。

中國最南端，在南海曾母暗沙暗礁集羣的立地暗沙，北緯 3°51′27″，東經 112°03′36″，水深最淺處 34.7 米。立地暗沙屬於曾母暗沙暗礁集羣的一個單一暗礁，在曾母暗沙西南 14.94 海里（27.67 千米），八仙暗沙西偏南 12.89 海里（23.87 千米）。

中國最北端，在漠河以北黑龍江主航道的中心線上，北緯 53°31′。漠河市，位於黑龍江省西北部，大興安嶺山脈北麓，隔黑龍江與俄羅斯相鄰。

中國位於全球面積最大的大陸和最大的海洋之間，加之青藏高原的影響，季風氣候十分顯著。季風在一年內的交替、進退，強烈影響着自然地理環境的形成並造成地域差異。從東部海洋性濕潤氣候到西部大陸性乾旱氣候的水平變化，國家東部和西部的自然景觀呈現完全不同的樣貌。

在中國的南北之間，由於太陽射入角大小和晝夜長短的差別，南北會出現迥然不同的現象。一年中，在海南島南部三亞，最短的白天為 11 小時、最長的白天為 13 小時，時差約 2 小時；夏天最高氣溫達到 45℃。在黑龍江的漠河，最短的白天為 7 小時、最長的白天為 17 小時，時差約 10 小時；冬天最低氣溫達到 −53℃。

國家行政區劃

中國幅員遼闊，疆域廣大，古往今來都非常重視對國家進行有效的分級管理，把國家疆域劃分為不同層次的行政區域。

中華人民共和國成立以來，中國的行政區劃根據國家建設需要先後作過多次調整。特別是改革開放以後，省級以下行政區劃變化很大，按「整縣改市」「以鄉建鎮」模式設置大批市、鎮；部分地區與市合併，全面試行市領導縣體制；人民公社在政社分開後恢復為鄉、民族鄉；撤（縣轄）區併鄉建鎮；恢復和新設民族自治地方。

　　根據《中華人民共和國憲法》《中華人民共和國民族區域自治法》等法律法規規定，中華人民共和國行政區劃主要以省（自治區、直轄市）、市（自治州、區）、縣（自治縣、街道）等三級編制單位來劃分。隨着社會發展，區劃體制也有變動，20 世紀末開始出現地級行政單位，形成實際的四級區劃體制。

　　截止 2020 年 11 月，中國全國共有（省以下行政區劃單位統計不包括港澳台）一級行政區（省級行政區）34 個，包括 23 個省、5 個自治區、4 個直轄市、2 個特別行政區；二級行政區（地級行政區）333 個，包括 294 個地級市、7 個地區、30 個自治州、3 個盟；三級行政區（縣級行政區）2843 個，包括 970 個市轄區、388 個縣級市、1314 個縣、117 個自治縣、49 個旗、3 個自治旗、1 個特區、1 個林區；四級行政區（鄉級行政區）39888 個，包括 2 個區公所、21116 個鎮、9392 個鄉、152 個蘇木、984 個民族鄉、1 個民族蘇木、8241 個街道。

　　中華人民共和國首都是北京。

　　中國省級行政區劃分佈於華北、華東、中南、東北、西南、西北、港澳台，具體是 —— 華北：北京、天津、河北、山西、內蒙古；東北：遼寧、吉林、黑龍江；華東：上海、江蘇、浙江、江西、安徽、福建、山東；中南：河南、湖北、湖南、廣東、廣

西、海南；西南：重慶、四川、貴州、雲南、西藏；西北：陝西、甘肅、青海、寧夏、新疆；港澳台：香港、澳門、台灣。

滄海桑田兩千年

滄海桑田，時空巨變。過去的兩千年，中國人地關係加速演化，受氣候變化影響，疊加人類活動作用，自然與人文地理環境的變化，突出表現為國土空間、地表覆被（包括森林、草地、河湖、沙漠、海岸以及耕地、城鎮、交通等要素）的格局變化。

兩千年來，中國地表環境變遷的歷史過程顯示，中國自然地理格局長期保持穩定，雖經人類活動的長期干預，但三級階梯等基本地貌格局並未發生改變。此外，與 400 毫米年降水量線大致吻合的胡煥庸線顯示的地理格局，受制於氣候和降水，長期穩定存在。

地層調查結果表明，秦漢以前，中國北方塔克拉瑪乾沙漠、古爾班通古特沙漠、巴丹吉林沙漠等八大沙漠和毛烏素沙地、渾善達克沙地、呼倫貝爾沙地、科爾沁沙地等四大沙地已經存在，並在氣候變化主導下，經歷多次擴張與收縮過程。秦漢以後，沙漠化過程呈波動擴張趨勢，且存在明顯的地域差異：賀蘭山以西的西部沙區，暖期時沙漠化發生明顯的正過程，冷期時發生逆過程。賀蘭山以東的東部沙區，暖期時沙漠化過程發生逆轉，冷期時沙漠化過程加速。青藏高原區沙漠化正逆過程主要表現為振盪形式。也有部分地區荒漠化過程與氣候變化並非完全對應，如兩漢和隋唐暖期的庫布齊沙漠沙丘活化，應與人類活動增強有關。

總體而言，隋唐宋元時期，東部沙區沙漠化過程進入收縮期，四大沙地植被均有所恢復，流沙地面積總體減少。明清時期，東部沙漠化土地面積擴大，毛烏素沙地、科爾沁沙地、渾善達克沙地均出現沙漠化和植被退化。20 世紀後期，沙漠化過程仍呈加速發展趨勢，年均發展速率從 50 年代後期至 70 年代中期的 1560 平方千米上升到 90 年代的 3600 平方千米。至 2000 年，北方地區沙漠化土地面積達 38.57 萬平方千米，其中毛烏素沙地、科爾沁沙地、庫布齊沙地沙漠化尤為嚴重，沙漠化土地面積分別佔這幾個區域土地總面積 54.9%、47.5% 和 30.2%。

　　據國家林業和草原局 2015 年發佈的第五次全國荒漠化和沙化監測結果，包括沙漠、戈壁和沙漠化土地在內的全國荒漠化土地面積達 261 萬平方千米，沙化土地面積 172 萬平方千米，其中，新疆、內蒙古、西藏、甘肅、青海五省（自治區）荒漠化土地面積佔全國荒漠化土地總面積的 95.64%。

　　過去兩千年，黃土高原在長期侵蝕作用下，呈破碎化趨勢。秦漢以前，黃土高原上黃土原廣泛分佈，原面廣闊。西周時，周原東西長超過 70 千米，南北寬大於 20 千米。唐代，隴東的董志原南北長 42.5 千米，東西寬 32 千米，均是當時黃土高原最大的原面之一。到 21 世紀 10 年代，周原最寬處原面不足 13 千米。董志原雖長度依舊，但最寬處僅 18.0 千米，最窄處不足 0.5 千米。利用 5 米分辨率的數字地形高程數據，測算黃土高原區各地的溝壑密度，結果顯示丘陵溝壑區溝谷密度最大，綏德、柳林、吳堡和臨縣一帶溝谷密度大於 10.0 千米 / 平方千米，延長、志丹、延安一帶達 7.0—10.0 千米 / 平方千米；六盤山以東的黃土原區次之，西峰、銅川、黃陵和宜川沿線為 5.0—7.0 千米 / 平方千米；六盤

山以西的黃土原區和呂梁山—黃龍山—子午嶺以東的土石山區及河谷平原區較低，但也達 1.7—6.4 千米／平方千米。

過去兩千年中，河口、海岸因泥沙沉積逐步外移。三大三角洲陸地面積均增加 2000 平方千米以上。1855 年黃河改由山東利津入海後，河口沙洲每年的擴張速度達 2—3 千米，百餘年間，黃河三角洲新增陸地面積 2840 平方千米，僅 1955—1975 年就淨增 795 平方千米。長江三角洲的海岸線在 8—10 世紀推進約 10 千米，在 10—11 世紀 50 年代繼續推進 7—8 千米，至 12 世紀 70 年代，進一步推進 6—7 千米。崇明島在唐代還是總面積 10 平方千米的東西兩個沙洲，現在已擴大到 1267 平方千米，成為中國第三大島。珠江三角洲每年新增陸地面積，由秦漢唐初的 0.55 平方千米發展至唐初以來的 1.78—2.41 平方千米，僅 1965—2003 年間，就新增陸地面積 730 平方千米。其他地區，如蘇北鹽城，唐宋時距海不到 1 千米，15 世紀上升到 15 千米，17 世紀達 25 千米，19 世紀中期達 50 千米。局部地區，如古黃河三角洲，因長期侵蝕，面積有所減少。

古代中國的交通體系，由道路網、運河網向陸水空一體化綜合交通網轉變，並分別在秦代、隋代和 20 世紀後發生突變。據史料記載，秦代已構建了以咸陽為中心、由「直道」和「馳道」組成的全國交通網，包括嶺南新道、巴蜀棧道和通往西南地區的重要交通線，同時還開鑿了溝通湘漓二水、連接長江與珠江兩大水系的靈渠。隋煬帝時期，開鑿了以洛陽為中心全長 2700 千米的運河網絡，溝通了河、海、江、淮及錢塘江五大水系。唐代在原有基礎上構建了以長安和洛陽兩京為中軸、輻射四方的完整驛道交通網。元代時，京杭大運河全線貫通。

至 1949 年，中國公路里程 13 萬千米，鐵路 1.78 萬千米，航空里程 2.1 萬千米以上。2018 年末，中國公路里程突破 485 萬千米，其中高速公路里程 14 萬千米；鐵路里程 13.2 萬千米，其中高鐵里程 3 萬千米；航空里程超過 838 萬千米，定期航班航線在 4945 條以上。

　　過去兩千年，中國氣候化溫度變化，呈多尺度准周期波動態勢。變化過程可分為七個階段、四個暖期和三個冷期。四個暖期是兩漢（公元前 200 — 公元 180 年）、隋唐（541 — 810 年）、宋元（931 — 1320 年）及 20 世紀，東中部地區冬半年平均氣溫分別比 1951 — 1980 年高 0.28℃、0.48℃、0.18℃和 0.27℃。三個冷期是魏晉南北朝（181 — 540 年）、晚唐（811 — 930 年）及明清（1321 — 1920 年），東中部地區冬半年平均氣溫分別比 1951 — 1980 年低 0.30℃、0.28℃和 0.39℃。

　　過去兩千年中，中國降水變化存在東西差異。分別在 13 世紀中期和 1500 年前後發生突變，突變後均趨向濕潤。數據顯示，東部季風區過去兩千年的乾濕狀況，存在年代際—百年際—千年際的變化，在千年尺度上曾出現一次明顯突變，發生在 13 世紀中期，此前乾濕變化的總體趨勢為波動中逐漸變乾，其中，魏晉南北朝期間（221 — 580 年）氣候總體偏乾，隋唐期間（581 — 907 年）在過去兩千年平均水平上下波動，五代—北宋（908 — 1127 年）氣候總體略偏濕，但存在轉乾趨勢。此後，轉為波動中趨濕，其中南宋—元代（1128 — 1368 年）氣候總體偏乾，但在波動中逐漸趨濕。明代（1369 — 1644 年）前期氣候濕潤，中期（約 1430 — 1550 年）持續偏乾，明末則出現了自秦漢以來最為嚴重的持續性乾旱。清代（1645 — 1911 年）氣候總體濕潤，但年代際波

動極為顯著。20世紀中國氣候在波動中趨乾。西部的降水同樣存在年代際─百年際─千年際的變化，但在千年尺度上，公元1500年以前降水變率較小，基本在平均值附近波動，且以乾旱為主要特徵；公元1500年以後降水的變率較大，且在波動中呈逐漸增加趨勢，其中1430─1530年和1630─1740年是兩個最為乾旱的百年；1550─1630年和1930─2005年是兩個最為濕潤的百年。

20世紀中國氣候在波動中趨濕。20世紀極端連續乾旱與極端連續洪澇事件的持續時間、影響範圍和嚴重程度，均未超過歷史時期同類事件，且極端冷冬事件偏少。進一步的分析研究表明，20世紀中國降水變率並未超出過去1500年的自然變率，其間所發生的極端連續乾旱與極端連續洪澇事件，持續時間、影響範圍和嚴重程度均未超過20世紀前發生的同類事件。此外，過去500年極端冷冬的頻率變化與冷暖階段變化基本對應，寒冷階段相對多發，溫暖階段相對少發，20世紀後半葉極端冷冬事件偏少。

自然、人文地理特徵

「江山如此多嬌，引無數英雄競折腰」，屹立於世界東方的中國，具有獨特的自然、人文地理環境。一般認為，中國地理環境的主要特徵是：季風影響顯著；地貌類型複雜多樣；自然歷史發展獨特；人類活動影響深刻；資源豐富，人地矛盾突出；經濟發展迅速，地域差距顯著。

北宋詩人蘇東坡的《船舶風》有這樣的詩句：「三時已斷黃梅雨，萬里初來船舶風」，他提到的「初來船舶風」，即農曆七月上

旬到來的東南季風，從詩中可以看出宋代氣候和當今大致相同。

季風，是在大陸和海洋之間大範圍的、風向隨季節有規律改變的風，中國古稱為信風；這種風的方向，總是隨着季節而改變。季風形成的原因，是地球表面性質不同，熱力反映的差異，主要是海陸間熱力環流的季節變化。夏季大陸增熱比海洋劇烈，氣壓隨高度變化慢於海洋上空，所以到一定高度，就產生從大陸指向海洋的水平氣壓梯度，空氣由大陸指向海洋，海洋上形成高壓，大陸形成低壓，空氣從海洋吹向大陸，形成了與高空方向相反氣流，構成了夏季的季風環流。

季風地區享有得天獨厚的氣候，降水多半來自夏季風盛行時期。季風氣候是中國氣候的主要特點。中國季風氣候是大陸性氣候與海洋性氣候的混合型，夏季受來自海洋的暖濕氣流的影響，高溫潮濕多雨，氣候具有海洋性。冬季受來自大陸的乾冷氣流的影響，氣候寒冷，乾燥少雨，氣候具有大陸性。在季風氣候條件下，夏季潮濕多雨，冬季乾燥少雨。季風氣候的高溫與多雨時期基本一致，雨熱同期，這對發展農業十分有利，因為在作物生長旺盛，最需要水分的時候能有充足的雨水供應。

中國處於東亞季風區內，盛行風向隨季節變化有很大差別，甚至相反。冬季盛行東北氣流，華北—東北為西北氣流。夏季盛行西南氣流。中國東部—日本還盛行東南氣流。冬季寒冷乾燥，夏季炎熱濕悶、多雨，尤其多暴雨。在熱帶地區更有旱季和雨季之分，中國的華南前汛期、江淮的梅雨及華北、東北的雨季，都屬於夏季風降雨。

影響中國的夏季風，起源於三支氣流：一是印度夏季風，當印度季風北移時，西南季風可深入到中國大陸。二是流過東南亞

和南海的跨赤道氣流，這是一種低空的西南氣流。三是來自西北太平洋副熱帶高壓西側的東南季風，有時會轉為南或西南氣流。季風每年5月上旬開始出現在南海北部，中間經過三次突然北推和四個靜止階段，5月底至6月5—10日到達華南北部，6月底至7月初抵達長江流域，7月上旬中至20日，推進至黃河流域，7月底至8月10日前，北上至終界線—華北一帶。中國冬季風比夏季風強烈，尤其是在東部沿海，常有8級以上的北到西北風伴隨寒潮南下。南海以東北風為主，大風次數比北部少。

自然界的地貌類型，以成因和形態的差異劃分的不同地貌類別。同類型地貌具有相同或相近的特徵，不同類型間有明顯的特徵差異。按成因分為構造類型、侵蝕類型、堆積類型等。其中侵蝕類型和堆積類型又可分為河流的、湖泊的、海洋的、冰川的、風成的等類型，依次還可分成更次一級類型。按形態特徵分為山地、丘陵和平原三大類。其中山地的主要特徵是起伏大，峰谷明顯，高程在海拔500米以上，相對高程在100米以上，地表有不同程度的切割。地貌成因類型相當複雜，地貌形態有大型、中型、小型或微型等，剝蝕地貌有河蝕、湖蝕、海蝕、溶蝕、凍蝕、風蝕，堆積地貌有沖積、洪積、湖積、海積、冰磧、風積，構造地貌有褶皺的、斷塊的，氣候地貌有濕熱氣候地貌、乾旱氣候地貌等。

中國地貌種類的多樣、典型，在世界其他地方難以匹敵。不僅有常見的構造地貌、河流地貌、海岸地貌，而且有現代冰川和古代冰川作用遺跡、凍土和冰緣作用現象、沙漠和戈壁等，還有在一定氣候條件下，反映特殊岩性的石灰岩地貌和黃土地貌。

在中國遼闊的大地上，地形多種多樣。有雄偉的高原、起伏

的山嶺、廣闊的平原、低緩的丘陵，還有四周羣山環抱、中間低平的大小盆地。中國的陸地地貌，按形態劃分，有山地、高原、丘陵、盆地、平原五大類型。其中山地佔陸地面積的 33%、高原佔陸地面積的 26%、盆地佔陸地面積的 19%、丘陵佔陸地面積的 10%、平原佔陸地面積的 12%。

中國山區面積廣大。通常人們把山地、丘陵和比較崎嶇的高原稱為山區。中國山區面積佔全國陸地總面積的 2/3，這是中國地形的又一顯著特徵。山區面積廣大，給交通運輸和農業發展帶來一定困難，但山區可提供林產、礦產、水能和旅遊資源，為改變山區面貌、發展山區經濟提供了資源保證。

中國地勢西高東低，呈階梯狀分佈。地勢是地表高低起伏的總趨勢。面向大洋逐級下降的地勢，使中國大陸上的主要河流都自西向東或向東南奔流入海，在一定程度上使河流形成較大落差，蘊藏着有利於多級開發的巨大水利資源。

中國近海大陸架比較廣闊，渤海和黃海的海底全部、東海海底的大部分和南海海底的一部分，都屬淺海大陸架。目前，開發海洋資源，尤其是海洋石油、天然氣資源主要是在大陸架上進行的。

中國的土地利用類型，劃分為 38 億畝林地、33 億畝草地、20 億畝耕地、4.7 億畝城鎮村及工礦用地、0.55 億畝交通運輸用地等。其中，0.55 億畝交通運輸用地，又可以劃分為 13 萬千米的鐵路用地、484 萬千米的公路用地、100 萬座橋樑用地。

中國自然歷史發展獨特。一些從地質時期（主要是新生代）承襲下來的因素，在現代自然界中仍具有相當重要的作用。由於第四紀冰川作用遠沒有歐洲、北美同緯度地區那樣廣泛、強烈，

生物演化受到的影響較少，所以生物種屬（包括特有種屬）特別繁多，地理成分複雜，分佈比較混雜。古近紀中國大陸準平原面發育廣泛，古代紅色風化殼分佈範圍很廣，主要分佈在長江以南，但甚至在大興安嶺還可見到。在現代土壤中，也可能反映古代紅色風化殼的殘留特徵。

人類活動使自然界發生深刻的變化。中國歷史悠久，長期的人類活動在很大程度上加速或延緩了自然景觀的演變過程，強烈地改變着自然面貌。幾千年來，中國先民開墾草原、砍伐森林、疏乾沼澤、圩湖築垸、圍海造田、修塘築堰、開河修渠，在祖國大地上開墾了十多億畝耕地，培育了許多作物和牲畜品種，建成了都江堰、大運河等馳名中外的水利工程。

中華人民共和國成立以來，國家發展生產，人民改造山河，使過去經常氾濫成災的黃河、淮河、海河等重要江河得到了治理。修建了許多水庫、分洪、滯洪和水利樞紐工程，發揮了防洪、灌溉、發電、運輸等多方面的綜合水利效益。種植了大面積防風固沙林與海防林，為經濟建設、社會發展、改善生態作出重要貢獻，同時也使祖國的自然面貌發生重大變化。改革開放以來，中國的工業化、城鎮化、現代化、生態化快速發展，人類活動的影響隨之進一步加深。

第二章

東西南北

北國江南

　　明末清初的思想家、史學家王夫之（1619—1692 年），在他的詞《風流子‧春感》中寫道：「問歸飛雙雁，江南塞北，冰融風軟，何處堪留？」

　　的確，遠近高低各不同。地球表層存在着明顯的區域差異。中國自然環境結構繁複，地理空間變化多樣，全國地域差別顯著。東西南北，北國江南，不同的地域，各異的地理，人口、資源、環境和發展的內涵也各不相同。

　　緯度地帶性，最重要的地理規律之一，指氣候、水文、生物和土壤等自然要素以及自然帶大致沿緯線方向帶狀伸展、並按緯度變化方向逐漸更替的分佈規律。中國自然景觀的緯度地帶性分異，以東部濕潤區最為典型，自北而南，依次出現寒溫帶針葉林、溫帶針闊葉混交林、暖溫帶落葉闊葉林、亞熱帶常綠闊葉林、熱帶雨林和季雨林等自然景觀地帶。乾濕度地帶性分異，取決於東西方向上水分條件的差異，呈現與經線斜交、近東西更替的分佈圖式。自然垂直景觀帶，可分為東部濕潤海洋型和西北乾旱內陸型。

東西地域差別，是中國人文地理表現最為明顯的差別。中國人口分佈，以胡煥庸線為界，東南半部與西北半部呈現迥異的格局。胡煥庸線揭示的中國人口東密西疏的分佈大勢，是由諸多自然、資源、人文、經濟等因素綜合長期作用的產物。中國在農業景觀和民族、城市、道路交通方面的空間分佈，同樣呈現東西地域差別。作為現代化重要標誌的城市化水平，東部遠高於中西部。

　　中國南北地域差別顯著。中國東半壁以秦嶺 — 淮河南北地理分界線為界，形成氣候的南北方差異。在此基礎上，形成相應的人類生產、生活方式以及人文景觀的地域差異。中國西半壁的南北地域差異，突顯為西北地區與青藏高原的地域差異。

　　在漫長的歷史時期，中國人口格局的早期變化與耕地開發格局基本同步。唐中期後，人口重心和經濟中心向南、向東南遷移過程中，南方土地被大面積開發，「蘇湖熟，天下足」「湖廣熟，天下足」，彰顯出歷史上南方地區在全國糧食生產中的重要地位。京杭大運河則見證了元代以後南糧北調的千年歷史。清中期後，南方土地被開發殆盡，耕地開始向東北和西北擴張，耕地重心開始北移。在現代工業化和城鎮化背景下，中國耕地重心進一步「北上西進」，並與人口向東南遷移趨勢逆向而行，最終讓南糧北調逐步轉變為北糧南運。2008 年，北方地區糧食產量上升至全國糧食總產量的 53%，開始超越南方。2015 年，東北三省糧食外調量已上升至全國調運量的 60%。

　　兩千年來，中國人口總量由 4000 萬上升至 14 億。唐代中期以後，中國人口格局由「北重南輕」轉為「南重北輕」，並逐步向東南偏移。胡煥庸線以東的中國的東北部、華北部、中東部、

東南部，大都以平原、丘陵地勢為主；而胡煥庸線以西的中國西南部、西北部等區劃，則以青藏高原、橫斷山區、內蒙古高原、西北荒漠地帶為主。胡煥庸線和地貌、降水、生態、文化景觀以及民族分界線等，均存在某種程度的重合。

中國經濟中心逐漸由北向東南遷移，與人口格局變化趨勢一致。戰國秦漢時期，全國經濟都會共有 27 處，其中，崤山以東 15 處，崤山以西 7 處，江南 5 處。至東漢永和年間（125—144 年），已形成郡縣二級城鎮體系，其中 40% 分佈於黃河中下游地區，14% 分佈於淮河流域。隋唐五代時期，大運河和長江沿岸因水運便利興起一批通都大邑。唐中期安史之亂（755—763 年）後，經濟中心進一步南移，揚州、益州（今成都）的經濟地位超過長安和洛陽。宋元時期，廣州、泉州、明州、杭州、密州等港口城市快速發展。明前期和中期，南京是全國最大的經濟都會，廣州是華南地區最大的經濟都會。明晚期，天津、澳門等也發展為重要的經濟都會，東南經濟都會地位進一步上升。鴉片戰爭後，沿海被迫開放，上海、廣州、天津、青島等沿海城市迅速興起。20 世紀基本延續了上述城市發展格局，經濟中心仍保持向東南沿海遷移的趨勢。1978 年改革開放後仍保持這一趨勢。

三級階梯

距今幾千萬年以來，隨着印度板塊不斷向北推進，並不斷向歐亞板塊下插入，世界上最年輕的一個高原 —— 青藏高原，逐漸抬升形成。由於板塊碰撞產生的威力向外圍不斷擴散，青藏高原

形成的同時，也帶動了其周緣地勢的變化。青藏高原的隆升，對中國整體的高原、山系和盆地分佈產生了極大影響，從而直接促進了中國地勢西高東低，三級階梯狀分佈特徵的形成。

中國西部海拔高，東部海拔低，地勢西高東低。全國陸地地勢，可劃分為第一級階梯、第二級階梯與第三級階梯。階梯狀分佈的特點，使中國大多數河流的流向為自西向東。

第一級階梯面積約佔全國四分之一，平均海拔 4500 米，其北邊是崑崙山、阿爾金山和祁連山，東邊是岷山、橫斷山脈，南側是世界海拔最高的山脈 —— 喜馬拉雅山脈，四周全被高山圍繞。

第一級階梯主要含青藏高原與柴達木盆地兩部分。青藏高原，位於崑崙山、祁連山之南、橫斷山脈以西，喜馬拉雅山以北，平均海拔 4000 米以上，是中國最大、世界海拔最高的高原，被稱為「世界屋脊」「第三極」。青藏高原東西長約 2800 千米，南北寬約 300—1500 千米，總面積約 250 萬平方千米，地形上可分為藏北高原、藏南谷地、柴達木盆地、祁連山地、青海高原和川藏高山峽谷區等六個部分。青藏高原一般海拔在 3000—5000 米之間，平均海拔 4000 米以上，為東亞、東南亞和南亞許多大河流發源地；高原上湖泊眾多，有納木錯、青海湖等。柴達木盆地，為高原型盆地，地處青海省西北部，盆地略呈三角形，東西長約 800 千米，南北寬約 300 千米，面積約 24 萬平方千米。柴達木盆地東南部多鹽湖沼澤，而且還有豐富的石油、煤，以及多種金屬礦藏，如冷湖的石油、魚卡的煤、錫鐵山的鉛鋅礦等都很有名。所以柴達木盆地有「聚寶盆」的美稱。

第一級階梯與第二級階梯的分界線，由崑崙山脈—阿爾金山脈—祁連山脈—橫斷山脈組成。其中，崑崙山西起帕米爾高原，

山脈全長約 2500 千米，平均海拔 5500—6000 米，寬 130—200 千米，西窄東寬，總面積達 50 多萬平方千米，在中國境內地跨青海、四川、新疆和西藏四省（區），是高原地貌的基本骨架。祁連山脈位於青海省東北部與甘肅省西部邊境，由多條西北—東南走向的平行山脈和寬谷組成。東西長 800 千米，南北寬 200－400 千米，海拔 4000－6000 米。

第二級階梯位於中國中部及北部，包含了內蒙古高原、黃土高原、雲貴高原、準噶爾盆地、四川盆地、塔里木盆地六大部分。

內蒙古高原是中國四大高原中的第二大高原，為蒙古高原的一部分，又稱北部高原，位於陰山山脈之北，大興安嶺以西，北至國界。內蒙古高原一般海拔 1000—1200 米，南高北低，北部形成東西向低地，最低海拔降至 600 米左右。內蒙古高原戈壁、沙漠、沙地依次從西北向東南略呈弧形分佈，是中國多風地區之一。

黃土高原位於中國中部偏北部，同樣為中國四大高原之一，也是地球上分佈最集中且面積最大的黃土區，總面積 64 萬平方千米。黃土高原黃土顆粒細，土質鬆軟，含有豐富的礦物質養分，盆地和河谷農墾歷史悠久。除少數石質山地外，黃土厚度在 50—80 米之間，最厚達 150—180 米。

雲貴高原位於中國西南部，西起橫斷山、哀牢山，東到武陵山、雪峰山，東西長約 1000 千米，南北寬 400—800 千米，總面積約 50 萬平方千米。雲貴高原豐富多樣的自然環境，造就了生物的多樣性和文化的多樣性，是中國少數民族種類最多的地區，也是中國森林植被類型最為豐富的區域，動植物、林業、礦產資源豐富。

準噶爾盆地位於阿爾泰山與天山之間，西側為準噶爾西部山地，東至北塔山麓。盆地呈不規則三角形，地勢向西傾斜，北部略高於南部，是中國第二大的內陸盆地，北起阿爾泰山南麓，南抵沙漠北緣的北部平原，風蝕作用明顯，有大片風蝕窪地。南部平原可分兩帶，北帶為沙漠，南帶為天山北麓山前平原，是主要農業區。

　　四川盆地位於中國西南部，囊括四川省中東部。中間盆底地勢低矮，海拔 250 米—750 米，面積約為 16 萬平方千米，因此可明顯分為邊緣山地和盆底部兩大部分。四川盆地是中國著名紅層盆地。地表岩石主要為紫紅色砂岩和葉岩，這兩種岩石極易風化發育成紫色土，紫色土含有豐富的鈣、磷、鉀等營養元素，是中國最肥沃的自然土壤。

　　塔里木盆地是中國面積最大的內陸盆地，為大型封閉性山間盆地，地質構造上是周圍被許多深大斷裂所限制的穩定地塊，盆地地勢西高東低，微向北傾，舊羅布泊湖面高程 780 米，是盆地最低點。盆地地貌呈環狀分佈，邊緣是與山地連接的礫石戈壁，中心是遼闊沙漠，邊緣和沙漠間是沖積扇和沖積平原，並有綠洲分佈。塔里木河以南是塔克拉瑪乾沙漠，是中國最大沙漠、世界第二位的流動沙漠。

　　第二級階梯與第三級階梯的分界線，為大興安嶺—太行山脈—巫山—雪峰山。大興安嶺山脈東北起自黑龍江南岸，南止於赤峰市境內西拉木倫河上游谷地，呈東北－西南走向，全長 1400 千米，均寬約 200 千米，海拔 1100—1400 米，總面積 32.72 萬平方千米。太行山脈位於山西省與華北平原之間，縱跨北京、河北、山西、河南四省、市，山脈北起北京市西山，向南延伸至河

南與山西交界地區的王屋山，西接山西高原，東臨華北平原，呈東北—西南走向，綿延 400 餘千米。

第三級階梯位於東部，包含東北平原、華北平原、長江中下游平原、遼東丘陵、山東丘陵、東南丘陵六部分。

東北平原，中國三大平原之一，也是中國最大的平原，位於中國東北部，由三江平原、松嫩平原、遼河平原組成。東北平原四周為山麓洪積沖積平原和台地，海拔 200 米左右。北部台地形狀保存較明顯，南部強烈侵蝕呈淺丘外貌。平原西南部風沙地貌發育，形成大面積沙丘覆蓋的沖積平原。

華北平原，中國三大平原之一，是中國東北部大平原的重要組成部分，部分在渤海—華北盆地。華北平原海拔多不及百米，地勢平緩傾斜。由山麓向濱海順序出現洪積傾斜平原、洪積—沖積扇形平原、沖積平原、沖積—湖積平原、海積—沖積平原、海積平原等地貌類型。

長江中下游平原，中國長江三峽以東的中下游沿岸帶狀平原，為中國三大平原之一。長江中下游平原位於揚子準地台褶皺斷拗帶內，燕山運動產生一系列斷陷盆地，後經長江切通、貫連和沖積後形成。受新構造運動影響，平原邊緣白堊系—第三系紅層和第四紀紅土層微微掀升，經流水沖切，成為相對高度 20—30 米的紅土崗丘，中部和沿江沿海地區則繼續下降形成氾濫平原和濱海平原。

第三級階梯繼續向海洋延伸，形成大陸向海洋自然延伸部分的近海大陸架。

南北地理分界線

1908 年，中國地學會（即現在的中國地理學會）首任會長張相文，他所著的《新撰地文學》中指出：「北帶南界北嶺淮水，北抵陰山長城。動物多馴驢良馬、山羊，西部多鷹鹿犀牛。植物多積、榆、檀、梨、栗、柿、葡萄。」張相文先生所言之「北帶」「南界」，就是南北分界線。張相文首次提出「北嶺淮水」為中國的「南北分界線」，即秦嶺—淮河南北地理分界線。

「南方」與「北方」的分界，首先是自然地理上的南北之分。中國從北至南跨越了北溫帶、中溫帶、暖溫帶、亞熱帶、熱帶等諸多溫度帶。而亞熱帶、熱帶與北溫帶、中溫帶、暖溫帶相比，無論是植被、農作物、氣候、地理形態，還是人民的生活方式，都有着鮮明的區別。中國山脈的東西走向、河流的緯度流向，也無疑加強了中國人的南北意識。

地表上的地帶景觀是具有連續性的。中國當代地理學者多認為，「淮河—秦嶺」不單純是「中國南北地理分界線」，而且是「中國南北地理分界帶」。這一地理分界帶，從東海海濱—江蘇淮安—河南信陽—陝西安康，長約上千千米，寬約數十千米。地理分界帶的南北，自然景觀、地形地貌、農耕方式、生活習俗等，都有明顯的不同。

2010 年，蘭州大學草地農業科技學院陳全功教授和碩士研究生譚忠厚，根據氣候、地理、人文等方面的綜合數據，逐點計算適宜度，製成《基於 GIS（地理信息系統）的中國南北分界帶分佈圖》，將傳統的中國南北方分界線「秦嶺—淮河一線」以地圖定量、定位表示。

在中國南北分界帶上，順經度各段中點的連線，稱為南北分界線。此線的走向為，西起與青藏高原相接的西秦嶺餘脈，經四川省的平武縣、青川縣，甘肅省的文縣、康縣，陝西省的寧強縣、略陽縣、勉縣、留壩縣、城固縣、洋縣、佛坪縣、寧陝縣、鎮安縣、旬陽縣、商南縣，湖北省的鄖西縣，河南省的西峽縣、內鄉縣、鄧州市、新野縣、唐河縣、泌陽縣、確山縣、駐馬店市、汝南縣、平輿縣、新蔡縣，安徽省的臨泉縣、阜陽市、利辛縣、鳳台縣、淮南市、懷遠縣、蚌埠市、五河縣，江蘇省的泗洪縣、洪澤縣、淮安市、漣水縣、阜寧縣、濱海縣、射陽縣，總共 44 個縣（市），蜿蜒而下，止於東海海濱，總長度約 1666.28 千米。

按照秦嶺—淮河南北地理分界線的劃分，秦嶺、淮河以北是北方，以南是南方。此線南北，無論是自然條件、農業生產方式，還是地理風貌以及人民的生活習俗，都有不同。

廣義的秦嶺，是橫亙於中國中部的東西走向的巨大山脈，秦嶺山脈全長 1600 千米，南北寬數十千米至二三百千米。狹義的秦嶺，是秦嶺山脈中段，位於陝西省中部的一部分。淮河，位於長江和黃河之間，全長 1000 千米，淮河兩岸的地形、河流及水文特徵，都有明顯的不同。

中國南北自然分界線，首先是氣候分界線。這條分界線，畫出北方暖溫帶和南方亞熱帶的分界；北方乾旱、半濕潤氣候和南方濕潤氣候的分界；北方春旱、夏雨氣候和南方春雨、梅雨及伏旱氣候的分界。

秦嶺、淮河以北的大部分地區，河湖冬季結冰，每當冬季來臨，北風呼嘯，大部分的樹會落葉。由於北方地區年降水量較

少，降水多集中在夏季，所以河流的水量不大，水位變化大，只有夏季才形成汛期，時間也比較短，河流的含沙量較大。而在秦嶺、淮河以南地區，則正好相反，冬季不結冰，樹木不落葉，一年四季常綠。河流的水量較大，水位變化不大，汛期時間長，河水含沙量較小。

從農業生產及人們生活習俗來看，秦嶺、淮河南北的差異更加明顯。北方耕地為旱地，主要作物為小麥和雜糧，一年兩熟或兩年三熟；南方則主要是水田，農作物主要是水稻和甘蔗、茶葉等亞熱帶經濟作物。一年兩熟或三熟。人們平常所說的「北麥南稻，南船北馬」，是這種差異的真實寫照。

胡煥庸線

1935 年，著名地理學家胡煥庸先生在《地理學報》發表論文《中國人口之分佈》，第一次定量刻畫、分析出中國人口分佈不均的具體事實，並在繪製中國人口分佈圖和人口密度圖的基礎上，提出了著名的黑龍江璦琿—雲南騰沖的人口地理分界線，即「胡煥庸線」。

胡煥庸先生在這篇論文中，第一次明確指出了中國人口分佈中最顯著的特點：「今試自黑龍江之璦琿，向西南作一直線，至雲南之騰沖為止，分全國為東南與西北兩部，則此東南部之面積，計四百萬方公里，約佔全國總面積之百分之三十六，西北部之面積，計七百萬方公里，約佔全國總面積之百分之六十四；惟人口之分佈，則東南部計四萬四千萬，約佔總人口之百分之九十六，

西北部之人口，僅一千八百萬，約佔全國總人口之百分之四，其多寡之懸殊，有如此者。」

胡煥庸闡明的璦琿（今黑河）—騰沖線，至今仍是體現中國人口分佈乃至東西地區差異性的一條最基本的分界線。胡煥庸線是一條大致的人口地理分界線，由於技術手段的限制，當時並沒有給出精確的地理定位，這也許是論文所附的地圖《中國人口密度圖》中並沒有畫出胡煥庸線的原因。

一般認為，胡煥庸線是黑龍江璦琿至雲南騰沖的一條大致為傾斜 45 度的直線。該線將中國地域分為東南和西北兩個半壁。東南半壁，以全國 36% 的國土居住着 96% 的人口，以平原、水網、丘陵、喀斯特和丹霞地貌為主要地理結構，自古以農耕為經濟基礎。西北半壁，以全國 64% 的國土居住着 4% 的人口，人口密度極低，是草原、沙漠和雪域高原的世界，自古遊牧民族的天下。胡煥庸的論文將地形圖、雨量圖以及種族分佈與人口分佈圖進行了比較，認為它們與人口分佈之間具有十分密切的關係。論文在最後對東南半壁內部的人口分佈稀疏之區域以及西北半壁內部人口分佈密集之區域進行了描述，從細部進一步分析了中國人口分佈現狀以及人口分佈極不平衡的地理特徵。

胡煥庸先生從地理學綜合性、區域差異以及空間佈局研究出發，第一次明確了中國人口的空間分佈特徵，並指明了背後存在的自然條件以及經濟活動的空間差異。胡煥庸線清楚地表明中國東南半壁和西北半壁人口密度懸殊的事實，是刻畫中國人口空間分佈形態的一個最為簡潔的方式，一直為國內外學者所確認和引用。隨着各領域研究的深入，胡煥庸線被賦予更為廣泛深遠的含義，遠遠超出了人口地理學甚至人文地理學的影響範圍。

中國科學院地理科學與資源研究所陳明星等學者的研究成果表明，以黑河市和騰沖縣的政府所在地為端點，畫出胡煥庸線，以胡煥庸線為界，將國土劃分為東南半壁和西北半壁，採用第一次、第五次和第六次全國人口普查數據進行計算，1953—2010年，中國大部分地區的人口密度增長明顯，但是人口密度的空間格局並未發生明顯變化。這期間人口密度高的地區，一直主要集中在黃河中下游、長江三角洲、四川盆地以及東南沿海；東南半壁和西北半壁的人口密度差異非常明顯，胡煥庸線揭示出的人口分佈規律清晰呈現。

胡煥庸線多年穩定，有深刻的地理背景和一系列氣候、地貌、人文、經濟方面的決定因素，其中自然環境是最基本的因素。胡煥庸線揭示的人口東密西疏格局，多年來沒有發生根本性變化。梳理1933年以來的統計數據可以看出，中國人口分佈是極不均衡的，但是這種不平衡的人口分佈格局是經過歷史時期逐漸演化而來，因此人口東密西疏的格局沒有發生根本性變化。

以第五次人口普查分縣數據為基礎的研究顯示，隨着人口密度增大，中國人口分佈重心逐漸由西北向東南移動，由稀疏趨於稠密。中國2000年人口分佈格局，與1935年胡煥庸所描述的人口分佈狀況未發生大的變化，仍然是東密西疏的格局，全國3/4以上的人口集中分佈在不到1/5的國土面積上，半數以上的國土面積上居住着不到2%的人口。

胡煥庸線是中國地形地貌的過渡帶。世界80%左右的人口集中在海拔500米以下的地區，而中國全國70%以上的人口，集中分佈在海拔500米以下的地區，50%的人口分佈在海拔200米以下的平原地帶。中國的地勢為東南低、西北高，以胡煥庸線為

界，地勢分佈與人口密度分佈基本一致。

胡煥庸線以西北，氣候條件惡劣，是草原、沙漠和雪域高原的世界，自古是遊牧民族的天下；該線以東南，以平原、水網、丘陵、喀斯特和丹霞地貌為主要地理結構，氣候溫暖濕潤，自古以農耕為經濟基礎。因此，胡煥庸線不僅是中國人口分佈差異的分界線，也是中國生態條件突變過渡的梯度帶，中國生態環境的分界線；中國生態環境脆弱帶，基本沿胡煥庸線分佈。

胡煥庸線是中國降水等氣候條件的過渡帶。胡煥庸線基本上與中國的 400 毫米等降水量線重合，而 400 毫米等降水量線也是中國半乾旱區與半濕潤區的分界線。線東南方，降水充沛；線西北方，年降水量不足 400 毫米。

人類的社會經濟活動受海洋的吸引是長期趨勢。在全球化的大背景下，當今世界上最具競爭力的經濟核心區域是幾個大的城市羣，也是最具活力和競爭力的地區。中國城市羣主要位於胡煥庸線東南半壁，這一格局在較長時期也不會發生變化。城市羣是中國經濟增長和進一步城鎮化的重點區域，必然在氣候、地形及水土資源條件比較適宜和優越的區域發展。在中國，這些區域主要位於沿海地帶和中西部地區的平原和盆地。中國沿海地區的發展優勢進一步加強，長三角、珠三角及環渤海三大城市羣，正在成為中國進入世界的樞紐和世界進入中國的門戶。

中國城鎮人口向中東部地區集聚，依然是未來一定時期內中國城鎮化發展的主要趨勢。這不僅是由於沿海地區和中部地區的比較優勢和綜合地理條件所致，也是實現人口與經濟分佈相均衡、人口與經濟同向集聚、實現縮小區域發展差距的現實途徑。

主體功能區

主體功能區，指基於不同區域的資源環境承載能力、現有開發密度和發展潛力等，將特定區域確定為特定主體功能定位類型的一種空間單元。主體功能區，即各地區所具有的、代表該地區的核心功能。各個地區因為核心（主體）功能的不同，相互分工協作，共同富裕、共同發展。

改革開放以來，中國經濟社會整體實力顯著提升，但國土開發無序、區域發展失衡成為影響國家持續健康協調發展的一個突出問題。中國擁有960萬平方公里的陸域國土，自然地理環境和資源基礎的區域差異很大，區位條件和區域間相互關係極其複雜，社會經濟發展階段和基本特徵也具有鮮明的地方特色，非常需要勾畫國土空間開發遠景格局的規劃藍圖。

實施主體功能區戰略，就是要按照優化開發、重點開發、限制開發和禁止開發的區域功能定位，優化國土空間開發格局，實施分類管理的區域政策，基本形成適應主體功能區要求的法律法規和政策，按照不同區域的主體功能定位，實行差別化的評價考核，發揮全國主體功能區規劃在國土空間開發方面的戰略性、基礎性和約束性作用。

主體功能不同，區域類型就會有差異。主體功能區大致可分為以提供工業品和服務產品為主體功能的城市化地區，以提供農產品為主體功能的農業地區，以提供生態產品為主體功能的生態地區等。

2017年8月，中共中央、國務院印發《關於完善主體功能區戰略和制度的若干意見》，指出推進主體功能區建設，是黨中央、

國務院做出的重大戰略部署，是中國經濟發展和生態環境保護的大戰略。中共二十大報告進一步強調「深入實施區域協調發展戰略、區域重大戰略、主體功能區戰略、新型城鎮化戰略，優化重大生產力佈局，構建優勢互補、高質量發展的區域經濟佈局和國土空間體系。」「健全主體功能區制度，優化國土空間發展格局。」

劃分主體功能區，主要應考慮自然生態狀況、水土資源承載能力、區位特徵、環境容量、現有開發密度、經濟結構特徵、人口集聚狀況、參與國際分工的程度等多種因素。

主體功能區「三區」，指的是城鎮空間、農業空間、生態空間三類空間。城鎮空間，是以城鎮居民生產、生活為主體功能的國土空間，包括城鎮建設空間、工礦建設空間以及部分鄉級政府駐地的開發建設空間。農業空間，是以農業生產和農村居民生活為主體功能，承擔農產品生產和農村生活功能的國土空間，主要包括永久基本農田、一般農田等農業生產用地以及村莊等農村生活用地。生態空間，具有自然屬性特點，以提供生態服務或生態產品為主體功能的國土空間，包括森林、草原、濕地、河流等。

主體功能區「三線」，指的是生態保護紅線、永久基本農田保護紅線、城鎮開發邊界三條控制線。生態保護紅線，是在生態空間範圍內具有特殊重要的生態功能、必須強制性嚴格保護的區域邊界，是保障和維護國家生態安全的底線和生命線。永久基本農田保護紅線，是按照一定時期人口和社會經濟發展對農產品的需求，依法確定的不得佔用、不得開發、需要永久性保護的耕地空間邊界。城鎮開發邊界，即在一定時期內，可以進行城鎮開發和集中建設的地域空間邊界，包括城鎮現狀建成區、優化發展區以及因城鎮建設發展需要必須實行規劃控制的區域。

一定的國土空間具有多種功能，但必有一種主體功能。中國各地區各種自然環境和資源條件差別迥然，不能按照統一的發展模式進行發展。根據全國整體發展規劃及各地具體情況，中國國土空間按開發方式，分為優化開發區域、重點開發區域、限制開發區域和禁止開發區域。

優化開發區域，包括環渤海、長三角和珠三角三個區域。重點開發區域，包括冀中南地區、太原城市羣、呼包鄂榆地區、哈長地區、東隴海地區、江淮地區、海峽西岸經濟區、中原經濟區、長江中游地區、北部灣地區、成渝地區、黔中地區、滇中地區、藏中南地區、關中—天水地區、蘭州—西寧地區、寧夏沿黃經濟區和天山北坡地區等 18 個區域。限制開發區域，分為農產品主產區與重點生態功能區。農產品主產區，主要包括東北平原主產區、黃淮海平原主產區、長江流域主產區等七大優勢農產品主產區及其 23 個產業帶。重點生態功能區，包括大小興安嶺森林生態功能區、三江源草原草甸濕地生態功能區、黃土高原丘陵溝壑水土保持生態功能區、桂黔滇喀斯特石漠化防治生態功能區等 25 個國家重點生態功能區。禁止開發區域，包括國務院和有關部門正式批准的國家級自然保護區、世界文化自然遺產、國家級風景名勝區、國家森林公園和國家地質公園等。

2011 年 6 月 8 日，《全國主體功能區規劃》正式發佈，包括規劃背景、指導思想與規劃目標、國家層面主體功能區、能源與資源、保障措施、規劃實施等內容，還收錄國家重點生態功能區名錄、國家禁止開發區域名錄和 20 幅圖。按照全國主體功能區的規劃，未來國土空間將形成如下戰略格局：「兩橫三縱」為主體的城市化戰略格局、「七區二十三帶」為主體的農業戰略格局、「兩屏

三帶」為主體的生態安全戰略格局。

　　中國區域經濟已經形成了「四輪驅動」的新格局 —— 西部大開發、振興東北地區等老工業基地、促進中部地區崛起、鼓勵東部地區率先發展的區域發展總體戰略。主體功能區規劃的實施，是對區域發展總體戰略的落實。實施主體功能區戰略，有利於構築區域經濟優勢互補、主體功能定位清晰、國土空間高效利用、人與自然和諧相處的區域發展格局，逐步實現不同區域基本公共服務均等化，促進四大經濟區域的協調發展。

第三章

藍色海洋

中國的海洋

海洋是生命的搖籃，億萬斯年，無數生靈在她的懷抱中誕生。海洋也是文明的搖籃，人類社會的發展與海洋息息相關。幾千年來，中華民族與海洋脣齒相依、和諧共生。

中國是一個海陸兼備的國家，既有廣闊的陸地，又有遼闊的海洋。在地理位置上，中國海洋北面和西面瀕臨中國大陸、中南半島和馬來半島，東、南以朝鮮半島、日本九州島、琉球羣島、台灣島、菲律賓羣島與太平洋相鄰，南至大巽他羣島，面積約493萬平方千米，縱跨暖溫帶、亞熱帶和熱帶。

根據海域的地理位置、地理輪廓、海洋物理性質、生物體系、海底地貌等因素所表現的差異，中國有渤海、黃海、東海、南海及台灣以東的太平洋等遼闊的海域，四海相連，環佈亞洲大陸東南部，介於亞歐大陸與大平洋之間。

渤海是中國的內海，以遼東半島南端老鐵山角至山東半島北端蓬萊角一線，與黃海分界。長江口北側啟東角至朝鮮半島西南側濟州島之間連線，為黃海與東海的分界線。廣東南澳島沿台灣淺灘南側至台灣南端鵝鑾鼻之間連線，為東海和南海的分界線。

台灣以東太平洋海區，指琉球羣島以南、巴士海峽以北的太平洋海域。

渤海、黃海、東海面積為 123 萬平方千米，南海為 350 萬平方千米。

根據《中華人民共和國領海及毗連區法》《中華人民共和國專屬經濟區和大陸架法》，中國領海基線採用直線基線法劃定，由各相鄰基點之間的直線連線組成。

中國領海的寬度從領海基線量起為 12 海里。

中國在海上與八個國家相鄰或相向，從北到南，依次為朝鮮、韓國、日本、越南、菲律賓、馬來西亞、文萊和印度尼西亞。

中國的海岸線綿延曲折，島嶼星羅棋佈。中國大陸海岸線北起鴨綠江口，南至北侖河口，總長度約 1.8 萬千米，僅次於澳大利亞、俄羅斯、美國和加拿大，居世界第五位。島嶼岸線總長度約 1.4 萬千米。

中國海域中屬於中國的島嶼有 7600 多個，約佔全世界島嶼總數的 1/10。中國島嶼總面積約 7.54 萬平方千米。中國的島嶼大約 9/10 集中在浙江、福建、廣東、海南四省沿海，其中浙江省的島嶼數量居全國第一。中國島嶼絕大部分是面積小於 1 平方千米的小島。超過 200 平方千米的大島共八個：台灣島、海南島、崇明島、舟山島、東海島、平潭島、長興島、東山島。

中國海為北太平洋西部的陸緣海，受大陸影響較大。將海南島南側經台灣至五島列島連成一線，此線西北均為平緩的大陸架，海底地形與地質構造為大陸的延續部分；此線東南多為大陸坡、海槽和深海海盆，地形複雜。中國海大陸架所佔面積廣，其中渤海、黃海海底全部是大陸架。東海和南海的大陸架也很廣

闊，分別佔該海區面積的 2/3 和 1/2 以上，其餘為大陸坡、海槽或深海盆。

中國近海海底地形，總體趨勢是自西北向東南傾斜，繼承了陸地地形的自然延伸狀態。從海南島南端，經台灣島至日本九州以西五島列島連成一線，上述海域的海底地形可分為兩個不同的區域：該線以西，海底起伏和坡度較大，地勢較平坦，為海岸帶—內陸架體系；該線以東，海底地形急轉直下，坡度陡峻，並有海溝、海槽和海脊等地形，是典型的外陸架—大陸坡—海溝—島弧—海盆體系。

根據中國近海海底地形特徵，與其地質構造、沉積環境和複雜水動力條件控制因素，從形態上中國近海劃分為沉降盆地型、擠壓隆起型和過渡型等三種類型。沉降盆地型和擠壓隆起型地形起伏小，沉積物以細粒為主，水流方向單一，易發育海灣堆積平原和水下堆積岸坡等堆積沉降型地貌，同屬構造成因地形。過渡類型中的沉積改造亞型地形起伏較大，沉積物以粗粒為主，多在河口和潮流輻聚區發育大型潮流沙脊，全新統沉積層巨厚，受潮流、徑流、海流的後期改造明顯。過渡亞型地形陡緩不均，沉積物顆粒不均勻混合，近岸發育階地狀陡坎，遠岸發育陸架平原等侵蝕—堆積型地貌，為地塊斷陷不完全發育和多起次海侵的共同結果。

中國海洋生物種類繁多。渤海深度小，有黃河、海河、遼河等帶來豐富營養物質，是魚蝦產卵的優良場所。黃海、東海因有黑潮高溫高鹽水、長江淡水和黃海水團交匯混合，形成亞洲近海著名漁場之一。南海北部有珠江、紅河等河流入海，也形成良好的近海漁場。沿海地區還有廣闊的灘塗和優良的港灣，宜於沿

岸性魚、蝦、貝、藻繁殖生長。近年來在渤海、南黃海及南海海區，都發現有豐富的石油蘊藏。

渤海

渤海，地處中國大陸東部北端，位於北緯 37°07′至 40°56′和東經 117°33′至 122°08′之間，渤海是一個近封閉的內海，東面以遼東半島的老鐵山岬經廟島至山東半島北端的蓬萊岬的聯線與黃海分界。北，西，南三面分別與遼寧、河北、天津和山東三省一市毗鄰。渤海海岸線全長約 3800 千米，東西寬約 346 千米，南北長約 550 千米，面積約 8 萬平方千米，平均深度 18 米。

根據地形地貌，渤海可分遼東灣、渤海灣、萊州灣、中央淺海盆地和渤海海峽五部分。入海的主要河流，有黃河、遼河、灤河和海河，年徑流總量達 888 億立方米。渤海地勢由沿岸向中央和海峽傾斜，地形單調平緩，海底分佈有古海岸線和古河道殘跡。

渤海因地處北方，在古代有北海之稱。渤海通過渤海海峽與黃海相通。渤海海峽寬 59 海里，有 30 多個島嶼，其中較大的有南長山島、砣磯島、欽島和北隍城島等，總稱廟島羣島或廟島列島。

渤海地形屬於渤海—華北盆地，海底平坦，多為泥沙和軟泥質，地勢呈由三灣向渤海海峽傾斜態勢。海岸分為粉沙淤泥質岸、沙質岸和基岩岸三種類型。渤海灣、黃河三角洲和遼東灣北岸等沿岸，為粉沙淤泥質海岸。灤河口以北的渤海西岸，屬沙礫質岸。山東半島北岸和遼東半島西岸，主要為基岩海岸。

渤海基本上為陸地所環抱，僅東部以渤海海峽與黃海相通，沉積物以淤泥和粉沙淤泥為主。渤海周圍有三個主要海灣：北面的遼東灣，西面的渤海灣，南面的萊州灣。由於遼河，灤河，海河，黃河等帶來大量泥沙，渤海海底平坦，餌料豐富，是中國大型海洋水產養殖基地，盛產對蝦，黃魚。沿岸鹽田較多，以西岸的長蘆鹽場最著名。主要島嶼有廟島羣島，長興島、西中島、菊花島等。2007 年，在渤海海底發現豐富的石油，已大規模開採。

渤海沿岸區水深都在 10 米以內，遼河口，海河口附近水深約 5 米，黃河口最淺處水深不過半米。渤海平均水深 18 米，最大深度在渤海海峽老鐵山水道附近，約 80 米。遼東灣的地勢是從灣頂及兩岸向中央傾斜，且東側較西側深，最深處 30 餘米。渤海灣地勢也從灣頂向渤海中央傾斜，灣內水深很淺，一般均小於 20 米。萊州灣以黃河三角洲向海凸出而與渤海灣分隔開，灣內地勢平坦，略向渤海中央傾斜，水深一般為 10—15 米，最深約 18 米。渤海中央盆地是一個北窄南寬近於三角形的淺水窪地，地勢較平坦，中部低下，東北部稍高，水深 20—25 米。

過去的數十年中，豐富優質的漁業、港口、石油、景觀和海鹽資源，使得環渤海地區經濟具有快速發展的顯著特徵。海洋資源的開發和海洋工業成為該地區經濟發展重要的領域之一。然而，隨着海洋資源的開發利用活動，渤海的資源和生態環境同時受到較大的破壞。渤海環境質量嚴重惡化，表現於海岸帶污染明顯，污染範圍擴大，生態系統弱化，生態環境退化，赤潮，富營養化。渤海環境狀況已經引起政府和研究機構的關注。

漁業、港口、石油、旅遊和海鹽，是渤海的五大優勢資源。渤海水質肥沃，營養鹽含量高，餌料生物十分豐富，浮游植物年

生產量 1.4 億噸，魚類年生產量 49 萬噸。渤海是黃渤海漁業的搖籃，是多種魚、蝦、蟹、貝類繁殖、栖息、生長的良好場所。對蝦、毛蝦、小黃魚、帶魚，是渤海重要的經濟種類。渤海港口，分佈密度高，大型港口及能源出口港多，是中國北方對外貿易的重要海上通道。渤海已建和宜建港口 100 多處。渤海石油和天然氣資源十分豐富，整個渤海地區就是一個巨大的含油構造，濱海的勝利、大港、遼河油田和海上油田連成一片。

渤海沿岸自然風景優美，名勝古跡眾多，具備了以陽光、海水、沙灘、綠色、動物為主的溫帶海濱旅遊度假資源。渤海是中國最大的鹽業生產基地，底質和氣候條件非常適宜鹽業生產。中國四大海鹽產區中，渤海有長蘆、遼東灣、萊州灣三個。萊州灣沿岸地下鹵水儲量豐富，達 76 億立方米，折合含鹽量 8 億多噸，是罕見的儲量大、埋藏淺、濃度高的「液體鹽場」。

黃海

黃海，位於中國大陸與朝鮮半島之間，是太平洋的邊緣海，一個近似南北向的半封閉淺海。黃海在西北部以遼東半島南端老鐵山角與山東半島北岸蓬萊角連線為界，與渤海相聯繫；南部以中國長江口東北岸啟東嘴與濟州島西南角連線為界，與東海相連。

黃海的名稱，來源於其大片水域水色呈黃色，由於歷史上黃河有七八百多年的時間注入黃海，使得河水中攜帶的大量泥沙，將黃海近岸的海水染成了黃色，遂被稱為黃海，並成為國際通稱。

黃海從膠東半島成山角到朝鮮的長山串之間的海面最窄，習慣上以此連線將黃海分為北黃海和南黃海兩部分。北黃海面積約8.1萬平方千米，南黃海面積約40.9萬平方千米。

　　注入黃海的主要河流，有鴨綠江、大同江、漢江、淮河等。主要沿海城市，有連雲港、鹽城、南通、日照、青島、煙台、威海、大連、丹東，以及朝鮮的新義州、南浦，韓國的仁川等。黃海內的島嶼主要集中在遼東半島東側、膠東半島東側和朝鮮半島西側邊緣。瀕臨黃海的主要行政區，有中國的遼寧、山東和江蘇三省，朝鮮新義州市，韓國仁川市。

　　黃海寒暖流交匯，水產豐富，特別是渤海和黃海沿岸地勢平坦，面積寬廣，適宜曬鹽。著名的長蘆鹽區、煙台以西的山東鹽區以及遼東灣一帶，都是中國重要的鹽產地。

　　黃海為一近似南北向的半封閉淺海。海底地勢由北、東、西三面向黃海中央及東南方向傾斜，但坡度不大，平均坡度為 1′21″，地勢比較平坦。深度由東南向北逐漸變淺，如同一個口朝南的簸箕。它有一個明顯的由東南向北的低槽 —— 黃海槽，海槽水深60—80米，自濟州島以南開始沿黃海中部向西北伸延，分別進入北黃海、青島外海和海州灣。

　　南黃海海底，多發育陸架潮流沙脊、陸架堆積平原，而北黃海陸架地貌，主要是陸架窪地、陸架潮流沖刷槽等高能環境下的侵蝕地貌。潮間帶在南黃海發育，而在北黃海其範圍較小。黃海的東部和西部岸線曲折、島嶼眾多。

　　黃海平均水深44米，其中北黃海平均水深38米，南黃海平均水深46米。黃海近岸水深多在60米以內，南黃海中央及東南水深在80米以上，最深處在濟州島北側，水深103米。

黃海西岸的蘇北海岸，是一片廣闊的灘塗、淺水地帶，水深不足 20 米，並有一些水下三角洲，如古黃河水下三角洲及長江水下三角洲等，因此淺灘、沙洲很多，如大沙、北沙、金家沙、郎家沙、勿南沙等。黃海東側朝鮮半島沿岸的水深大於西側沿岸，北部有許多與海岸近於垂直的水下沙脊，南部島嶼林立，水下地地形複雜。黃海南部地勢向東南傾斜，但存在幾個水下小岩礁，與濟州島聯成一條東北向的島礁線，構成黃海與東海的天然分界線。

　　受季風影響，黃海冬季寒冷而乾燥，夏季溫暖潮濕。10 月至翌年 3 月，盛行偏北風，北部多為西北風，平均風速為 6—7 米 / 秒；南部多北風，平均風速為 8—9 米 / 秒。黃海常有冷空氣或寒潮入侵、強冷空氣能使黃海沿岸氣溫下降 10—15℃。4 月為季風交替季節，風向不穩定。5 月，偏南季風開始出現。6—8 月，盛行南到東南風，平均風速 5—6 米 / 秒。常受來自東海北上的颱風侵襲，大風主要隨颱風而產生。黃海海區 6 級以上的大風，四季都有出現，但以冬季強度大，春季次數多。大風區多位於渤海海峽至山東半島頂端成山角一帶、千里岩和濟州島等附近海域。黃海平均氣溫 1 月最低，為 −2—6℃，南北溫差達 8℃；8 月最高，平均氣溫全海區 25—27℃。年平均降水量南部約 1000 毫米，北部為 500 毫米；6—9 月為雨季，降水量可佔全年的一半多。黃海冬、春季和夏初，沿岸多海霧，尤以 7 月最多。黃海西部成山角至小麥島，北部大鹿島到大連，東部從鴨綠江口、江華灣到濟州島附近沿岸海域為多霧區。其中成山角年均霧日為 83 天，最多一年達 96 天，最長連續霧日有長達 27 天的記錄，有「霧窟」之稱。

黃海的生物區係屬於北太平洋區東亞亞區，為暖溫帶性，其中以溫帶種佔優勢，但也有一定數量的暖水種成分。海洋游泳動物中魚類佔主要地位，共約 300 種。主要經濟魚類有小黃魚、帶魚、鮐魚、鮁魚、黃姑魚、鱍魚、太平洋鯡魚、鯧魚、鱈魚等。此外，還有金烏賊、槍烏賊等頭足類和鯨類中的小鰮鯨、長鬚鯨和虎鯨。浮游生物，以溫帶種佔優勢。其數量一年內出現春、秋兩次高峰。海區東南部，夏、秋兩季有熱帶種滲入，帶有北太平洋暖溫帶區系和印度 —— 西太平洋熱帶區系的雙重性質。熱帶種是外來的，並具有顯著的季節變化，基本上仍以暖溫帶浮游生物為主，多為廣溫性低鹽種，種數由北向南逐漸增多。最主要的浮游生物資源是中國毛蝦、太平洋磷蝦和海蜇等。在黃海沿岸淺水區，底栖動物在數量上佔優勢的主要是廣溫性低鹽種，基本上屬於印度 —— 西太平洋區系的暖水性成分。但在黃海冷水團所處的深水區域，則為以北方真蛇尾為代表的北溫帶冷水種羣落所盤踞。因此，從整個海區來看，底栖動物區系具有較明顯的暖溫帶特點。底栖動物資源十分豐富，可供食用的種類，最重要的是軟件動物和甲殼類。經濟貝類資源主要有牡蠣、貽貝、蚶、蛤、扇貝和鮑等。經濟蝦、蟹資源，有對蝦（中國對蝦）、鷹爪蝦、新對蝦、褐蝦和三疣梭子蟹。棘皮動物刺參的產量也較大。黃海的底栖植物可劃分為東、西兩部分，也以暖溫帶種為主。西部冬、春季出現個別亞寒帶優勢種，夏、秋季還出現一些熱帶性優勢種。底栖植物資源主要是海帶、紫菜和石花菜等。黃海生物種類多，數量也大，形成煙台威海、石島、海州灣、連青石、呂泗和大沙等良好的漁場。

東海

　　東海，中國三大邊緣海之一，南接台灣海峽，北臨黃海，東臨太平洋。整個海區介於北緯 23°00′—33°10′，東經 117°11′—131°00′之間。大陸架由海岸向東南緩緩傾斜，東北部通過對馬海峽與日本海相通，西南部通過台灣海峽與南海相連。

　　東海的海底地形，總的說是西北高、東南低。海區平均水深349 米，最大深度 2717 米。依海底地形趨勢，可分為兩個區域：西部大陸架淺水區和東部沖繩海槽深水區。

　　東海北起長江口北岸到韓國濟州島一線，與黃海毗鄰，以長江口北側與韓國濟州島的連線為界。東北面以濟州島、五島列島、長崎一線為界。南以廣東省南澳島到台灣省本島南端一線同南海為界。東至琉球羣島。東海南北長約 1300 千米，東西寬約 740 千米。東海海域面積大約是 77 萬平方千米，深度平均水深349 米，最深處接近沖繩島西側（沖繩海槽），約為 2700 米。鹽度為 31—32‰，東部為 34‰。海水溫度平均 9.2℃。冬季南部水溫在 20℃以上。

　　東海在中國大陸和台灣島的海岸大部分為基岩海岸，只有長江等河口三角洲為沙岸，台灣島西岸為沙礫質平原海岸。主要海灣有長江口、杭州灣、象山港、三門灣、樂清灣、三都澳、東山灣等。入海江河有長江、錢塘江、甌江、閩江、九龍江等。

　　東海海域比較開闊，大陸海岸線曲折，港灣眾多，島嶼星羅棋佈，中國一半以上的島嶼分佈在這裏，是中國島嶼最多的海域，有島嶼 3700 多個，且大部分為大陸島，中國第一大島台灣島、第三大島崇明島，以及舟山羣島、東磯列島、馬祖列島、海

壇島、金門島、東山島、澎湖列島、釣魚列島等都在東海海域，其中浙江省海島最多，有 3060 多個。

東海近海可分為海岸帶、內陸架平原和中部陸架平原三個地貌單元。海岸帶地貌類型豐富，包括潮間帶的淤泥質潮灘、沙灘、海蝕平台、水下岸坡、現代河口水下三角洲、河口水下三角洲和河口灣堆積平原等。陸架地貌，分為北部的斷坳型寬陸架和南部的斷階窄陸架。內陸架平原主要發育在東海北部，由傾斜的堆積陸架平原、古三角洲平原、淺灘、潮流沙脊羣等組成。東海南部台灣海峽地區，主要發育古潮流沙脊羣、陸架侵蝕窪地、陸架沖刷槽以及淺灘與窪地交錯分佈的組合地貌類型。

東海大陸架最大寬度達 640 千米，是世界上最寬闊的陸架之一。大陸架面積約佔整個海區的 66%，北寬南窄。海底地勢向東南緩傾，平均坡度 1′17″。平均水深 72 米，大部分海域水深 60—140 米。陸架外緣在水深 120—140 米處。東海大陸架又可以 50—60 米水深分為東、西兩部分，西部島嶼眾多，水下地形複雜，坡度稍陡；東部開闊平緩，只在其東南邊緣處有些水下高地，中國釣魚島等島嶼便位於其上。東海大陸架上延展着長江的沉溺河谷，它從長江口向東南方向延伸，穿過大陸坡，進入沖繩海槽。

大陸流入東海、長度超過 100 千米的河流有 40 多條，其中長江、錢塘江、甌江、閩江等四大水系，是注入東海的主要江河。因而，東海形成一支巨大的低鹽水系，成為中國近海營養鹽比較豐富的水域，其鹽度在 34‰ 以上。因東海位於亞熱帶，年平均水溫 20℃—24℃，年溫差 7℃—9℃。

與渤海和黃海相比，東海有較高的水溫和較大的鹽度，潮差

6 米—8 米，水呈藍色。又因東海屬於亞熱帶和溫帶氣候，利於浮游生物的繁殖和生長，是各種魚蝦繁殖和栖息的良好場所，也是中國海洋生產力最高的海域。東海魚類有 600 多種，中國近海著名的漁場有：長江口漁場、舟山漁場、魚山漁場、溫台漁場、閩東漁場、閩中漁場及閩南漁場等，尤其是舟山羣島附近海域，因氣候、水文和地形條件優越，適合各種魚類生長，有中國「天然魚倉」之稱。舟山島東南的沈家門漁港是中國最大的漁港，為祕魯卡亞俄港、挪威卑爾根港之後的世界第三大漁港。

東海跨副熱帶和溫帶，冬季易受寒潮侵襲，常出現 6—8 級北到東北大風，並伴隨明顯降溫。冬春季受溫帶氣旋影響，常突然出現偏北大風。夏季受熱帶氣旋影響，年平均通過的強颱風和颱風 6—9 個，最多達 14 個。年降水 1000—2000 毫米，琉球羣島附近可達 2000 毫米以上。春夏兩季為霧季，6 月霧日最多。舟山羣島、濟州島附近海域為多霧區。

東海水文特徵中很突出的現象之一，是外海水與大陸沿岸水的混合海流主要有東部的黑潮主幹、對馬暖流、黃海暖流及黑潮逆流。潮差東側小，西側大。杭州灣為中國沿海潮差最大的區域，最大達 8.9 米。錢塘江涌潮最為著名，景象十分壯觀。

東海陸架盆地、台灣島東北釣魚列島附近區域石油和天然氣儲量豐富，在東海中部、溫州以東海域和台灣西岸附近海域已有多處油田或天然氣田。20 世紀末，中國科學家經過研究發現，東海蘊藏着儲量可觀的天然氣水合物（可燃冰），還有豐富的潮汐、潮流能資源，東海已有多處潮汐能電站、潮流電站的應用，僅浙江省潮汐資源的可開發利用裝機容量就達 800 多萬千瓦。

東海主要港口有大陸沿岸上海、寧波、舟山、溫州、福州、

廈門，台灣省的高雄港、基隆港、台中港等。其中上海為中國第一大港，2005 年年吞吐量已達 4.43 億噸，超鹿特丹躍居成為當今世界第一大港。寧波和高雄也是億噸大港。

東海沿海旅遊城市有上海、杭州、廈門、寧波、舟山等地。浙江省有國家級重點風景名勝區 11 個，數量列中國首位，沿海有杭州西湖、嵊泗列島、普陀山、朱家尖等，還有省級風景名勝區 35 個，著名的有奉化溪口、桃花島、岱山島、洞頭列島等。台灣島觀光旅遊資源十分豐富，包括自然風光、人造景物、旅遊設施等，有阿里山、日月潭、陽明山、南灣極點、魯閣幽峽等風景區。

南海

南海位於中國南邊，是太平洋西部海域中國三大邊緣海之一。南海海域遼闊，面積約 350 萬平方千米。南海位於北緯 23°37′以南的低緯度地區，北抵北回歸線，南跨赤道進入南半球，南北跨緯度 26°47′，位於印尼的南蘇門達臘和加里曼丹之間，北邊至中國廣東、廣西、福建，香港和澳門，東北至台灣島，東至菲律賓羣島，且包含呂宋海峽西半側，西南至越南與馬來半島，通過巴士海峽、蘇祿海和馬六甲海峽連接太平洋和印度洋。

南海為中國大陸南側的太平洋邊緣海，古代稱之為「漲海」，6 世紀起改稱南海。周圍的國家有中國、越南、菲律賓、馬來西亞、新加坡、印度尼西亞、文萊、泰國和柬埔寨。海域北以南澳島和台灣島南端的鵝鑾鼻連線為界，與台灣海峽相連；東至菲律

賓臺島，南至加里曼丹島，西至越南海岸和馬來半島東岸。東北經巴士海峽、巴林塘海峽和巴步延海峽等通太平洋；東南經民都洛海峽、巴拉巴克海峽等連蘇祿海；西南經馬六甲海峽出印度洋。

南海的大陸海岸從中國福建省與廣東省交界處至馬來半島東南端的帕紐索普角，長約 11000 千米，是世界上海岸線最長的邊緣海之一。南海有兩個大海灣，即北部灣和泰國灣，此外還有中國的紅海灣、大亞灣、大鵬灣、珠江口、欽州灣，越南的下龍灣、檳繪灣、金蘭灣、湄公河口，泰國灣內柬埔寨的磅遜灣、泰國海岸的曼灣，加里曼丹島的文萊灣，菲律賓的馬尼拉灣、林加延灣等。注入南海的河流主要是珠江、韓江、紅河、湄公河、湄南河等。

南海海底地貌的特點是：北、西、南部是淺海大陸架，外緣是大陸坡，陸坡上有高原、海山、峽谷、海槽和海溝；東部是狹窄的島架，外緣臨海溝和海槽；中央是深水海盆，盆底為寬廣的平原，點綴着孤立的海山。按照地貌成因和形態，結合南海諸島的空間分佈情況，可以將南海海底劃分為九個地貌區：北部堆積型陸架區、北部斷裂階坡區、西部堆積—侵蝕型陸架區、西部堆積—侵蝕型陸架區、西部斷裂階坡區、南部堆積型大陸架區、南部分割高原陸架區、東部侵蝕—堆積型島架區、中央深海平原區。

南海海底自外圍至中心，順次為大陸架、大陸坡、中央海盆，略呈同心圓式的三層環狀結構圖式，地形似菱形。最外一環是大陸架，包括島弧向海盆陸緣以遠的島緣陸架，大陸架深度一般為 0—150 米；寬度不一，西北、西南兩部分較寬而緩，分別寬 300—484 千米（坡度 2‰—1.2‰）和 230 千米左右（坡度 3‰），

為堆積型陸架，富含油氣資源；東部島緣陸架狹而陡，呂宋島以西之陸架寬僅 5—10 千米，坡度 31.3‰，巴拉望島以西之陸架寬約 46—57 千米，坡度 3.97‰，為侵蝕—堆積型陸架。

由大陸架和島架往內一環是陡峭的大陸坡，大陸架到大陸坡轉折處的水深是 150—180 米，大陸坡水深在 100—3500 米上下，坡面高低起伏、崎嶇不平，垂直方向的坡長也有差別；面積在海盆的不同部位也不同，西北部和東南部的陸坡面積比高居它們之上的大陸架和島架面積要大，東部和北部的陸坡面積卻較小。

南海海盆是一個斷陷盆地，中部有一條東北－西南向斷裂帶，在地質史上向東、西兩邊擴展，形成了深海盆地。在海盆擴展過程中，殘留的陸塊碎片，成為海底高地或下陷為海槽，其間有斷裂發生，成為海底火山噴發堆積的熔岩高地，露海面形成高尖石式的海島。南海盆地形成一系列東北－西南向的隆起高地和深邃海槽相間排列的海底地貌。南海海底中心一圈最深部分即中央深海盆地，是南海海盆的盆底，平均水深約 4000 米，最深處的馬尼拉海溝為 4577 米，底部平坦，與周圍陸坡成鮮明的反差。

南海島嶼眾多，主要羣島有納土納羣島、阿南巴斯羣島、南沙羣島、中沙羣島、東沙羣島、西沙羣島等。其中，屬於中國領土的有東沙羣島、西沙羣島、中沙羣島、南沙羣島。

東沙羣島，位居中國廣東省陸豐市、海南島、台灣島及菲律賓呂宋島的中間位置，在北緯 20° 33′ 至 21° 10′、東經 115° 54′ 至 116° 57′ 之間的海域中。東沙共有三個珊瑚環礁，即東沙環礁、南衛灘環礁及北衛灘環礁，東沙的直徑大約有 30 千米。

西沙羣島，為南海諸島中最西的羣島，北起北礁，南至先驅灘，東起西渡灘，西止中建島，在北緯 15° 46′—17° 08′，東經

111°11′—112°54′之間。西沙羣島海域面積 50 多萬平方千米，共有 40 座島礁，其中露出海面的 29 座，總面積約 10 平方千米，是南海諸島中露出水面島洲最多的一羣。西沙羣島可分為兩大羣組，位於東北面的是宣德羣島，位於西南面的是永樂羣島。

中沙羣島，位於南海中部海域西沙羣島東面偏南，是南海諸島中位置居中的一羣。該羣島北起神狐暗沙，東至黃岩島，地理位置在北緯 13°57′—19°33′，東經 113°02′—118°45′之間，南北跨緯度 5°36′，東西跨經度 5°43′，海域面積 60 多萬平方千米，島礁廣佈，由黃岩島和中沙大環礁上 26 座已命名的暗沙及一統暗沙、憲法暗沙、神狐暗沙、中南暗沙等四座分散的暗沙組成。

南沙羣島，位於南海南部海域，北起雄南礁，南至曾母暗沙，西為萬安灘，東為海馬灘。地理坐標為北緯 3°35′—11°55′，東經 109°30′—117°50′；東西長約 905 千米，南北寬約 887 千米，海域面積為 88.6 萬平方千米，有島嶼 11 座，沙洲 6 座，暗礁 105 座，暗沙 34 座，暗灘 21 座。

南海氣候氣溫高、降水多、濕度大，颱風活動頻繁。每年 11 月至次年 3 月盛行東北季風，5 月至 10 月盛行西南季風。東北季風時期南海海面風力強勁，風力一般 4—6 級，大風時達 8—9 級，是全年大風最多的時期。西南季風由來自印度洋的西南季風氣流和南半球東南信風氣流組成，在南海中部匯合向北推進。年平均氣溫，北部沿海 15℃—16℃，中部 24℃—26℃，南部 26℃以上。海區年降水量 1200—3300 毫米，北部 1500—2000 毫米，西沙羣島附近 1520 毫米，南沙羣島附近 1100—2600 毫米，加里曼島沿岸超過 3000 毫米。

南海海域水產資源豐富，是重要的熱帶漁場，盛產海龜、海

參、牡蠣、馬蹄螺、金槍魚、紅魚、鯊魚、大龍蝦、梭子魚、墨魚、魷魚等熱帶名貴水產。

南海在海岸帶和大陸架分佈有種類繁多的砂礦，如鈦鐵礦、鋯石、獨居石、石榴子石、金紅石、錫石，以及金、鉑、銀、鉻、鈹、錳、鐵、銅等。南海大陸架區域有深層和淺層油氣田，已查明有曾母暗沙、萬安灘、禮樂灘等 20 多個大中型油氣盆地，估計地質儲油量可達 600 億噸。

南海是太平洋西北各港到印度洋北部的必經之地，南海航道是世界上最繁忙的航道之一，至少有超過 37 條世界交通航線通過該海域，南海海域每年有 4.1 萬艘以上船舶通過，世界上有一半以上的大中型商船和超級油輪航經該海域。南海沿岸有許多大港，主要有世界第二大港新加坡港、中國香港、廣州、湛江、汕頭、北海、海口港等。其中香港是億噸大港，集裝箱吞吐量長期居世界前列。

第四章

高山峻嶺

龐大山系

在中國地圖上，一個向北向西敞開寬口的斜 V 字，形成了巍峨浩闊的龐大山系，延伸於中國大地的磅礡山脈，構成中國地理、地形、地勢的堅實骨架。

有人將中國山脈走向大致概括為「三橫、三縱、一弧山」。三橫，指東西走向的三組山脈 —— 北列為天山 — 陰山，中列為崑崙山 — 秦嶺，南列為南嶺。三縱，指東北 — 西南走向的三組山脈 —— 西列為大興安嶺 — 太行山 — 巫山 — 雪峰山，中列為長白山 — 武夷山，東列為台灣山脈。一弧山，最著名的山脈為喜馬拉雅山脈。此外，西北 — 東南走向的山脈有阿爾泰山和祁連山，南北走向的山脈有橫斷山脈和賀蘭山脈。

喜馬拉雅山脈，世界上最雄偉高大的山脈，由數條大致平行的支脈組成，分佈於青藏高原南緣，西起克什米爾的南迦帕爾巴特峰（北緯 35°14′21″，東經 74°35′24″，海拔 8125 米），東至雅魯藏布江大拐彎處的南迦巴瓦峰（北緯 29°37′51″，東經 95°03′31″，海拔 7756 米），全長約 2500 千米。主峰珠穆朗瑪峰海拔 8844.43 米，為世界最高峰。

岡底斯山脈，青藏高原南北重要地理界線，西藏印度洋外流水系與藏北內流水系的主要分水嶺，位於西藏自治區西南部、喜馬拉雅山脈之北。岡底斯山脈西起喀喇崑崙山脈東南部的薩色爾山脊（北緯 31° 15′，東經 78° 20′），東延伸至納木錯西南（約北緯 29° 20′，東經 89° 10′），與念青唐古拉山脈銜接，平均海拔 5500—6000 米，東段海拔 7095 米的羅波峰為岡底斯山脈最高峰。

唐古拉山脈，坐落於怒江、瀾滄江及長江發源地，發端於東經 90° 附近，與喀喇崑崙山脈東尾相接，向東橫貫於西藏自治區北部約北緯 32°—33° 之間，一部分成為西藏自治區與青海省的界山，東段漸向東南延伸接入橫斷山脈。唐古拉山體寬達 150 千米，平均海拔 5000—6000 米，主峰各拉丹東雪山海拔 6621 米。

念青唐古拉山脈，青藏高原主要山脈之一，雅魯藏布江與怒江的分水嶺。念青唐古拉山脈位於西藏自治區中東部，近東西走向，西自東經 90° 左右處的岡底斯山脈尾閣起，向東北延伸，至那曲附近，隨北西向的斷裂帶而呈弧形拐彎折向東南，接入橫斷山脈。全長 1400 千米，平均寬 80 千米，平均海拔 5000—6000米，主峰念青唐古拉峰海拔 7111 米。

橫斷山脈，世界年輕山系之一，中國最長、最寬和最典型的南北向山系，位於青藏高原東南部，通常為川、滇兩省西部和西藏自治區東部南北向山脈的總稱。介於北緯 22°—32° 05′，東經 97°—103°，面積 60 餘萬平方千米。橫斷山脈嶺谷高差懸殊，邛崍山嶺脊海拔 3000 米以上，主峰四姑娘山海拔 6250 米，其東南坡相對高差達 5000 餘米。大雪山主峰貢嘎山海拔 7556 米，為橫斷山脈最高峰。

喀喇崑崙山脈，世界山岳冰川最發達的高大山脈，中亞著名

山脈之一。位於中國、塔吉克、阿富汗、巴基斯坦和印度等國的邊境上。包括其東延部（西藏高原的羌臣摩山和潘頓山）在內的喀喇崑崙山，寬度約為 240 千米，長度為 800 千米，平均海拔超過 5500 米。擁有 8000 米以上高峰四座。

阿爾泰山脈，亞洲宏偉山系之一，北西—南東走向，斜跨中國、哈薩克斯坦、俄羅斯、蒙古國境，綿延 2000 餘千米。中國境內的阿爾泰山屬中段南坡，山體長達 500 餘千米，南鄰準噶爾盆地。主要山脊高度在 3000 米以上，北部的最高峰為友誼峰，海拔 4374 米。西部的山體最寬，愈向東南愈狹窄，高度亦漸低下。

燕山山脈，中國北部著名山脈之一。廣義的燕山，係指壩上高原以南，河北平原以北，白河谷地以東，山海關以西的山地，位於北緯 39°40′—42°10′，東經 115°45′—119°50′。狹義的燕山，指窄嶺、波羅諾、中關、大杖子一線以南的山地。燕山為侵蝕剝蝕中山，山體呈東西走向，平均海拔 500—1500 米，北高南低。主峰霧靈山海拔 2116 米。

太行山脈，中國東部地區的重要山脈和地理分界線，跨越北京、河北、山西、河南四省市，北起北京西山，向南延伸至河南與山西交界地區的王屋山，西接山西高原，東臨華北平原，呈東北—西南走向，綿延 400 餘千米。

南嶺山脈，指湘、贛、粵、桂四省（區）相連的羣山區域。西起廣西西北部，經湖南南部、江西南部至廣東北部，東西綿延 1400 千米，南嶺是長江水系與珠江水系的分水嶺。

中國富饒廣袤的平原，物華天寶，人傑地靈。三大平原，分佈在中國東部第三級階梯上。大、小興安嶺和長白山之間的東北平原，面積 35 萬平方千米，是中國最大的平原。海拔大部分

在 200 米以下，地面遼闊坦蕩，包括三江平原、松遼平原、松遼分水嶺、遼河平原，沿河多沼澤。華北平原，西起太行山，東至海濱，北達燕山，南抵淮河，面積 30 萬平方千米，由黃河、淮河和海河等河流攜帶的泥沙沉積而成，又稱黃淮海平原，平均海拔 100 米以下，地勢低平，土層深厚，土質肥沃。長江中下游平原，自巫山向東至東海海濱，由長江及其支流沖積而成，面積約 16 萬平方千米，平均海拔 50 米以下，河網縱橫，湖泊眾多，號稱「水鄉澤國」。

此外，中國還有成都平原、汾渭平原、珠江三角洲、台灣西部平原等平原。

珠穆朗瑪峰

珠穆朗瑪峰，喜馬拉雅山脈主峰，位於中華人民共和國西藏自治區與尼泊爾聯邦民主共和國交界處的喜馬拉雅山脈中段，北緯 27°59′15.85″，東經 86°55′39.51″。雪面高程海拔 8848.86 米，是世界第一高峰。

珠穆朗瑪峰北坡，在西藏定日縣境內，雪線高度為 5800—6200 米。珠穆朗瑪峰南坡，在尼泊爾境內，雪線高度為 5500—6100 米。1852 年，珠穆朗瑪峰峰被確認為地球上的最高峰，成為地球上重要的地理標點。

珠穆朗瑪峰附近高峰林立，形成了世界上極高峰最集中的地區。珠穆朗瑪峰氣溫極寒冷，年平均氣溫在 0℃ 以下，山上經常下雪，氣溫很低，在海拔 5000 米以上，氣溫一般在攝氏零下 30

度 —40 度，高原冰雪和寒凍風化作用普遍，堅冰和積雪終年不化，經常發生冰崩、雪崩和滾石現象。這裏氣象條件極為惡劣，即便是在春、夏季良好的登山季節，也幾乎天天颳着七八級的高空風，頂峰的風力常達十級以上。珠穆朗瑪山區是地球上氧氣最為稀薄的地帶，峰頂上大氣中氧氣的含量，只相當於平原地區的三分之一到四分之一左右。珠穆朗瑪山區分佈着 548 條大陸型冰川，總面積達 1457.07 平方千米。冰川的補給，主要靠印度洋季風帶兩大降水帶積雪變質形成。

包括珠穆朗瑪峰在內的喜馬拉雅地區，曾經是一片汪洋大海。距今 4000 萬年前的始新世晚期，印度板塊與亞歐板塊相撞，導致了劇烈的地殼構造運動，使喜馬拉雅地區全部露出海面，珠穆朗瑪峰在隨後發生的一系列造山運動中，終於以金字塔的體狀，在喜馬拉雅山脈的羣峰之中，出人頭地，巍然聳立，奪得世界冠軍，成為地球上最年輕的最高峰。

喜馬拉雅山位於低、中緯度之間，呈近似東—西走向，因此珠穆朗瑪峰南、北兩翼的地理要素出現了很大差異，分屬截然不同的兩大自然帶系統。

珠穆朗瑪峰南翼，屬於半濕潤地區。擁有位於尼泊爾境內的低山熱帶雨林帶，海拔 1600—2500 米的亞熱帶常綠闊林帶，海拔 2500—3100 米的山地溫帶針闊葉混交林帶，海拔 3100—3900 米的山地寒溫帶針葉林帶，海拔 3900—4700 米的亞高山寒帶灌叢草甸帶，海拔 4700—5200 米的高山寒凍草甸墊狀植被帶，海拔 5200—5500 米的高山凍冰磧地衣帶，海拔 5500 米以上的高山冰雪帶。

珠穆朗瑪峰北翼，屬於半乾旱地區。擁有海拔 4000—5000 米的高原寒冷半乾旱草原帶，海拔 5000—5600 米的高山寒凍草甸墊

狀植被帶，海拔 5600—6000 米的高山凍冰磧地衣帶，海拔 6000 米以上的高山冰雪帶。

1953 年 5 月 29 日，新西蘭人埃德蒙‧希拉里和夏爾巴嚮導丹增‧諾爾蓋，從珠穆朗瑪峰南坡登頂，戴上人類歷史上第一次登頂珠穆朗瑪峰的桂冠。從那時開始，攀登者前赴後繼，一次又一次登頂珠穆朗瑪峰，包括中國在內的世界各地許多登山者，在珠穆朗瑪峰頂上留下腳印。登頂珠穆朗瑪峰，是人體內的冒險因子的永恆追求，是人類挑戰自身、挑戰極限、創新紀錄的不朽篇章。一次又一次的登頂珠穆朗瑪峰的背後，是更多的征服慾和榮譽感，是人性難以用言語表達的努力和付出，從肉體到思想，甚至到生命的付出。

1960 年 5 月 25 日 4 點 20 分，中國登山隊隊員王富洲、屈銀華、貢布（藏族）經過艱苦卓絕的攀登，終於首次從北坡登上地球最高峰珠穆朗瑪峰頂峰，中國人創造了世界登山史的新紀錄。

70 多年來，世界各地的眾多登山者，紛紛向珠穆朗瑪峰發起挑戰。更好的攀登裝備，精準的天氣預報和更多的人參加商業攀登，成功登頂珠穆朗瑪峰的登山者越來越多。登頂，從專業登山家的非常壯舉，發展到普通登山愛好者也能實現的願景。據統計，到 2015 年，世界上已有 7001 人次登頂珠穆朗瑪峰。

天山

天山，位於歐亞大陸腹地，東西橫跨中國、哈薩克斯坦、吉爾吉斯斯坦和烏茲別克斯坦四國，全長約 2500 千米，是世界上最

大的獨立緯向山系，也是距離海洋最遠的山系。

天山呈東西走向，綿延中國境內 1700 千米，佔地 57 萬多平方千米，佔新疆維吾爾自治區全區面積約 1/3。整個天山山系由三列山脈組成，由北往南依次稱為北天山、中天山和南天山。其中北天山有阿拉套山、婆羅科努山和依連哈比爾尕山；中天山有烏孫山、那拉提山和額爾賓山；南天山有科克沙勒山、哈爾克他烏山、科克鐵克山和霍拉山；東天山有博格達山、巴里坤山和喀爾力克山等。

天山山體由山地、山間盆地和山前平原三部分組成。在天山山系中，海拔在 5000 米以上的山峰大約有數十座，除最高峰托木爾峰外，主要還有中哈界峰汗騰格里峰、博格達峰、瓦斯基配卡維里山、德拉斯克巴山、搜雷孜山、史卡特爾東峰、孜哈巴間山等。

托木爾峰，海拔 7443.8 米，位於新疆阿克蘇地區溫宿縣境內的中國與吉爾吉斯斯坦國境線附近，屬天山山脈中天山區。托木爾，維吾爾語意為「鐵」。托木爾峰為天山最高峰，被列為國家綜合自然保護區。

博格達峰，海拔 5445 米，位於東經 88.3°，北緯 43.8°，坐落在新疆維吾爾自治區阜康市境內，是天山山脈東段的著名高峰。博格達峰海拔 3800 米以上，是終年不化的積雪區，白雪皚皚，故有「雪海」之稱。

汗騰格里峰，東經 80.2°，北緯 42.2°，位於天山山脈中科克沙勒嶺與哈爾克山的結合部位，海拔 6995 米。汗騰格里峰是天山山脈的第二高峰，東鄰托木爾峰，西鄰吉爾吉斯斯坦境內伊塞克湖盆地，北鄰伊犁河谷地，南鄰塔里木盆地北緣的阿克蘇綠州。

汗騰格里峰地勢高峻，山嶺海拔多在 4000 米以上，海拔 6000 米以上的高峰多達 40 座，山地大面積突出於雪線之上。

天山山脈的主要河流有楚河、錫爾河、伊犁河等。伊犁河，中國水量最大的內陸河，也是新疆水量最豐富的河流。伊犁河主源特克斯河，發源於汗騰格里峰北側，由西向東流，在東經 82° 左右折向北流，穿過喀德明山脈，和鞏乃斯河匯合，又折向西流，在伊寧和喀什河匯合，穿越國境，進入哈薩克斯坦，最終進入巴爾喀什湖。塔里木河，中國境內天山南坡的重要河流，由阿克蘇河、葉爾羌河以及和田河匯流而成。

天山南麓和北麓的植被分佈不同，北坡由山腳至山頂，依次為山地草原、山地草甸草原、針葉林、高山草原、高山墊狀植物、積雪冰川。南坡由山腳至山頂，依次為荒漠、荒漠草原、乾旱山地草原、山地草原、剝蝕高山、積雪冰川。

祁連山

祁連山脈，位於中國青海省東北部與甘肅省西部邊境，有多條西北—東南走向的平行山脈和寬谷，是中國西北地區主要山脈之一。

祁連山系，東西長 800 千米，南北寬 200—400 千米，平均海拔 4000—6000 米，有冰川 3306 條，面積約 2062 平方千米。祁連山西端在當金山口與阿爾金山脈相接，東端至黃河谷地，與秦嶺、六盤山相連，長近 1000 千米。祁連山屬褶皺斷塊山，最寬處在甘肅張掖與青海柴達木盆地之間，達 300 千米。自北而南，

包括大雪山、托來山、托來南山、野馬南山、疏勒南山、黨河南山、土爾根達阪山、柴達木山和宗務隆山，山峰高度多在海拔4000—5000米之間，最高峰疏勒南山的團結峰海拔5808米。祁連山的山間谷地也在海拔3000—3500米之間，海拔4000米以上的山峰終年積雪。

祁連山脈西段，有走廊南山、黑河谷地、托萊山、托萊河谷地、托萊南山、疏勒河谷地、疏勒南山、哈拉湖盆地、黨河南山、喀克吐郭勒谷地、賽什騰山、柴達木山、宗務隆山等一系列山脈與寬谷盆地。祁連山脈東段，有冷龍嶺、大通河谷地、大通山、大阪山。在祁連山脈一系列平行山地中，南北兩側和東部相對起伏較大，山間盆地和寬谷海拔一般在3000—4000米之間，谷地較寬，兩側洪、沖積平原或台地發育。疏勒南山以東的北大河、黑河、疏勒河、大通河和布哈河等五河之源所在的寬谷盆地，海拔高達4100—4200米。祁連山海拔4500—5000米以上的高山區，現代冰川和古冰川作用的地貌類型都較豐富。祁連山區多年冰土的下界，海拔高程一般為3500—3700米之間；大多數山地和一些大河的上游，都發育着冰緣地貌。

海拔2000米以上的祁連山，植被垂直帶分別為荒漠草原帶、草原帶、森林草原帶、灌叢草原帶、草甸草原帶和冰雪帶。其中，森林草原帶和灌叢草原帶是祁連山的水源涵養林，大通河、石羊河、黑河等河流發源於此，為河西走廊綠洲的主要水源。祁連山區氣候冷濕，有利於牧草生長，在海拔2800米以上的地帶，分佈有大片草原。祁連山區植被較好，有許多天然牧場，為發展牧業提供了良好場地。

祁連山素有「萬寶山」之稱，蘊藏着種類繁多、品質優良的

礦藏，有石棉礦，黃鐵礦、鉻鐵礦及銅、鉛、鋅等多種礦產，八寶山的石棉為國內稀有的「濕紡」原料。

祁連山具有漫長豐富的人文歷史。祁連山前的河西走廊，自古就是內地通往西北的天然通道，在漢代和唐代，著名的「絲綢之路」即由此通過，留下眾多文化遺跡和名勝，如嘉峪關、黑水國漢墓、馬蹄寺石窟、西夏碑、炳靈寺石窟等。

秦嶺

秦嶺，關中平原與陝南地區的界山。廣義的秦嶺，全長 1600 千米，東西綿延 400 — 500 千米，南北寬達 100 — 150 千米。西起甘肅省臨潭縣北部的白石山，以迭山與崑崙山脈分界；向東經天水南部的麥積山進入陝西，在陝西與河南交界處分為三支，北支為崤山，餘脈沿黃河南岸向東延伸，通稱邙山；中支為熊耳山；南支為伏牛山。山脈南部一小部分，由陝西延伸至湖北鄖縣。

狹義的秦嶺，是秦嶺山脈中段，位於北緯 32° — 34°，介於關中平原和南面的漢江谷地之間，是嘉陵江、洛河、渭河、漢江四條河流的分水嶺，在漢代即有「秦嶺」之名，又因位於關中以南，故名「南山」。

秦嶺以南屬亞熱帶氣候，自然條件為南方型，以北屬暖溫帶氣候，自然條件為北方型。秦嶺南北的農業生產特點也有顯著的差異，因而秦嶺—淮河一線成為了中國地理上最重要的南北分界線。

陝西境內的秦嶺呈蜂腰狀分佈，東、西兩翼各分出數支山

脈。西翼的三支為大散（海拔2819米）、鳳嶺（海拔2000米）和紫柏山（海拔2538米）。東翼分支自北向南依次為華山（海拔1997米）、蟒嶺山、流嶺和新開嶺。山嶺與盆地相間排列，有許多深切山嶺的河流發育。秦嶺中段主體為太白山（海拔3767米）、鰲山（海拔3476米）、首陽山（海拔2720米）、終南山（海拔2604米）、草鏈嶺（海拔2646米）。秦嶺山體橫亙，對東亞季風有明顯的屏障作用，是氣候上的分界線，又是黃河支流渭河與長江支流嘉陵江、漢江的分水嶺。

秦嶺南北坡自然景觀差異明顯。屬黃河流域的北坡，為暖溫帶針闊混交林與落葉闊葉林地帶。因長期的農業開發，現多為次生林。秦嶺山區的野生動物中，有大熊貓、金絲猴、羚羊等珍貴品種，鳥類有國家一類保護對象朱鸝和黑鸛。秦嶺現設有國家級太白山自然保護區和佛坪自然保護區。

秦嶺北面的關中平原，史稱「八百里秦川」，自新石器時代就出現人類農耕、定居，是中國著名的文物古跡薈萃之地。秦嶺間南北向的深切河谷，自古就是南北交通孔道，有陳倉道、子午道、褒斜道，以及儻駱道、周洋道等古道。在秦嶺北坡及關中平原上，留下眾多文物古跡，其中有秦始皇陵及許多帝王陵墓羣、周代灃鎬遺址、秦阿房宮遺址、樓觀台、張良墓、蔡倫墓等。

陰山

古代北朝（386—581年）有一首著名的民歌：「敕勒川，陰山下，天似蒼穹，籠蓋四野。天蒼蒼，野茫茫，風吹草低見牛

羊」，生動地描寫了歷史時期陰山的自然風光和人類活動。

陰山山脈，橫亙在內蒙古自治區中部及河北省最北部，介於東經 106°—116°。西端是阿拉善高原，東端止於多倫以西的灤河上游谷地，長約 1000 千米；南界在河套平原北側的大斷層崖和大同、陽高、張家口一帶盆地，北界大致在北緯 42°與內蒙古高原相連，南北寬 50—100 千米。

陰山山脈為東西走向，屬古老斷塊山。西起狼山、烏拉山，中為大青山、灰騰梁山，南為涼城山、樺山，東為大馬羣山。長約 1200 千米，平均海拔 1500—2000 米，山頂海拔 2000—2400 米。集寧以東到沽源、張家口一帶山勢，降低到海拔 1000—1500 米。主峰呼和巴什格，海拔 2364 米

陰山山地南北兩坡不對稱，北坡和緩，傾向內蒙古高原，屬內陸水系。南坡以 1000 多米的落差，直降到黃河河套平原，是斷層陷落形成。山地大部分由古老變質岩組成，在斷陷盆地中有沉積岩分佈。

陰山山脈呼和浩特以西的西段，地勢高峻，脈絡分明，海拔 1800—2000 米，狼山西部的最高峰呼和巴什格山海拔 2364 米。山與山之間的橫斷層，經流水侵蝕形成寬谷，為南北交通要道。南坡與河套平原之間，相對高度約千米。山脈北坡起伏平緩，丘陵與盆地交錯分佈，相對高度 50—350 米。呼和浩特以東的東段，海拔一般在 1500 米左右，地形紊亂，主要有蠻漢山，蘇木山，馬頭山，樺山等。

陰山山脈是古老的斷塊山，農牧交錯地帶，其最大特點是南北不對稱。陰山南坡山勢陡峭，北坡則較為平緩。陰山山脈的平均海拔高度在 1500 至 2300 米之間，彷彿一座巨大的天然屏障，

同時阻擋了南下的寒流與北上的濕氣。因此，陰山南北氣候差異顯著，是草原與荒漠草原的分界線。山南年均溫度 5.6 — 7.9℃，無霜期 130 — 160 天，風小而少，年均風速小於 2 米／秒；山北年均溫度為 0 — 4℃，無霜期 95 — 110 天，風大而多，年均風速 4 — 6 米／秒。南北兩側年降水量都很小，只相差 25 毫米左右。陰山山區植被稀疏，僅在東段的陰坡有小片森林，有白樺、山楊、杜松、側柏、油松、山柳等樹種。中段和西段山地，散佈大小不等的山地草場，歷史上曾是重要的牧區。

陰山地區人文歷史非常悠久，是內地漢族與北方遊牧民族交往的重要場所。山脈間的寬谷，多為南北交往的道路。陰山山區現存古跡名勝，有昭君墓（青塚）、戰國趙長城、高闕雞鹿塞、武當召（漢名廣覺寺）、美岱召、百靈廟等。

太行山

1938 年，桂濤聲作詞、冼星海作曲，創作了著名的抗戰歌曲《在太行山上》：「紅日照遍了東方，自由之神在縱情歌唱！看吧，千山萬壑，銅壁鐵牆，抗日的烽火，燃燒在太行山上！」

太行山脈，位於河北省與山西省交界地區，中國東部地區的重要山脈和地理分界線，其以西為黃土高原，以東為黃淮海平原。太行山脈北起北京西山，向南延伸至河南與山西交界地區的王屋山，西接山西高原，東臨華北平原，呈東北—西南走向，綿延 400 餘千米。

人們習慣上把太行山分為三段，即北太行、南太行和西太

行。大體上說，位於河北省境內的部分，叫做北太行；位於河南省境內的部分，叫做南太行；西太行位於山西省境內，地貌多接近於黃土高原。南、北太行與西太行地貌迥異，也有很多相似之處，它們都位於斷裂帶上，分佈了難以計數的黃土沖溝，這些沖溝都呈東西走向，山形陡險，溝內分佈着高大的岩牆。北太行和西太行嚴重缺水，而南太行流水滋潤，壁立千仞，飛瀑流泉，雄秀兼具。

在六億年以前，太行山地區是一片汪洋大海，後來經過了頻繁的地谷活動，地面上升下降，海水時進時退。海退時，這裏沼澤廣佈，氣候溫暖潮濕，生長着茂密的森林，形成了太行山區豐富的煤炭資源。之後的一次次地谷活動，使太行山脈逐漸隆起。後又與東西的華北大平原斷裂，形成太行東部陡峭、西部徐緩的地貌形態。

太行山北高南低，大部分海拔在 1200 米以上。2000 米以上的高峰有河北的小五台山、靈山、東靈山、白石山，山西的太白魏山、南索山、陽曲山等。北端最高峰為小五台山，海拔高 2882 米；南端高峰為陵川的佛子山、板山，海拔分別為 1745 米、1791 米。

太行山山勢東陡西緩，山西高原東部河流，多切過太行山進入河北平原，匯入海河水系。只有西南部的沁河水系，向南匯入黃河。

太行山脈西翼連接山西高原，東翼由中山、低山、丘陵過渡到平原。山中多雄關，著名的有位於河北的紫荊關，山西的娘子關、虹梯關、壺關、天井關等。

太行山脈多東西向橫谷，自古就是交通要道、商旅通衢。著

名的「太行八陘」，是古代晉、冀、豫三省邊界、穿過太行山的八條咽喉通道，也是重要的軍事關隘所在之地。

太行山屬暖溫帶半濕潤大陸性季風氣候，全年冬無嚴寒，夏無酷暑，雨熱同季，四季分明，冬長夏短。

南嶺

在南中國大陸，北緯 25 度至 26 度之間，有一道神奇的山嶺，叫南嶺。在中國的名山大川中，南嶺並不起眼，卻因其獨特的一方水土，孕育出韻味無窮的特色。

南嶺，綿亙於湖南、江西南部、廣西東北部和廣東北部山地的總稱。由一系列東北—西南走向的山脈組成。南嶺平均海拔1000 米左右，是長江和珠江兩大水系的分水嶺。南嶺的範圍，西起於廣西桂林市東北部和東部，東到江西贛州大余，北線是邵陽—永州—郴州，南線是賀州—清遠—韶關—贛州。

歷史上，南嶺是秦漢早期朝廷及其相關人員對楚國之南（湘桂贛粵相連區）的羣山區域的總稱。其中，與秦漢早期重大南下行軍路線相關的五個戰略要地，被稱為五嶺。五嶺即越城嶺、都龐嶺、萌渚嶺、騎田嶺和大庾嶺，是南嶺的代表性山脈。

南嶺最高峰是越城嶺的貓兒山，海拔 2142 米。南嶺的山嶺間夾有低谷盆地，西段的盆地多由石灰岩組成，形成喀斯特地貌。東段的盆地多由紅色砂礫岩組成，經風化侵蝕後形成丹霞地貌。經過多次的造山運動，南嶺原來東西走向的構造線，受到華夏式北東向構造線的干擾，因而顯得支離破碎，形成了許多南北走

向、東北—西南走向的山谷，河流浸入其中，山間的低谷隘口，就構成了南北交通的孔道。

南嶺對阻擋南下的寒潮和東南來的颱風，起到重要作用。南嶺以南，氣候終年溫暖，少見霜雪。南嶺以北，冬季比較寒冷，常見飛雪。南嶺因而成為自然地理的重要分界。南嶺降水豐富，年降水量達 1500—2000 毫米。由於山嶺阻擋作用，南側降水比北側稍多。春季靜止鋒駐留長達兩個月之久，春雨尤為豐富；夏秋之季多颱風雨，冬季多鋒面雨，降水季節分配較勻。

南嶺的山體，多是花崗岩體構成，山地多礦藏，尤以鎢、錫、鋁、鋅等有色金屬著稱。南嶺的植被，主要是亞熱帶常綠闊葉林，多分佈在海拔 800 米以下。主要樹種是樟科的樟樹，其次是殼斗科的紅椎、白椎、米椎、紅綠、白綠等。南嶺的野生動物獸類有華南虎、豹、豺、雲豹、黃麂、麝、梅花鹿、蘇門羚、靈貓、金貓、青鼬、穿山甲等；鳥類有葉鵯、白頭翁、金絲禾谷、畫眉、相思雀、雉雞、銀雞等。

南嶺也是長江水系與珠江水系的分水嶺，猶如一條紐帶，嶺南是粵桂，嶺北是湘贛；一邊屬華南，一邊屬江南。嶺南嶺北，你中有我，我中有你，彼此分不清。

燕山

燕山山脈，中國北部著名山脈之一。廣義的燕山，指壩上高原以南，河北平原以北，白河谷地以東，山海關以西的山地。狹義的燕山，指北京以北、承德以南、近東西走向的山脈。

燕山西起洋河，東至山海關，北接壩上高原、七老圖山、努魯兒虎山，西南以關溝與太行山相隔，南側為河北平原的山脈，東西長約 420 千米，南北最寬處近 200 千米，平均海拔 600—1500 米，主峰霧靈山海拔 2116 米。

燕山主要山峰有主峰霧靈山，海拔 2116 米；八仙桌子，海拔 1052 米；都山，海拔 1846 米；大青山，海拔 1224 米。

1926 年，中國地質學家翁文灝出席日本東京第三屆泛太平洋科學會議時提出，以「燕山運動」來定義中生代（距今約 2.5 億年—6500 萬年）中國東部廣泛發生的造山運動，在國際學術界產生很大影響。

燕山山脈山勢陡峭，地勢西北高，東南低，北緩南陡，溝谷狹窄，地表破碎，雨裂沖溝眾多。以潮河為界分為東、西兩段。東段多低山丘陵，海拔一般 1000 米以下，植被茂盛，灌木、雜草叢生，森林面積廣闊。西段為中低山地，一般海拔 1000 米以上，植被稀疏，間有灌叢和草地。山地中多盆地和谷地，如承德、平泉、灤平、興隆、寬城等谷地，遵化、遷西等盆地，是燕山山脈中主要農耕地區。

燕山處於暖溫帶大陸性季風氣候區，年均溫 6—10℃，1 月均溫 -12—-6℃，7 月均溫 20—25℃。每年 10℃ 以上持續期 195—205 天。燕山南麓是河北省多雨地帶之一，年降水量 700 毫米左右，流水侵蝕作用強烈。

今天，在燕山境內能看到的最為顯著的一條農耕與遊牧分界線，是在五百多年前形成的明長城。燕山所處的地理位置和東西延伸的特點，決定了自古以來就被賦予突出的軍事和政治意義。灤河、潮白河及其支流，將燕山的石英岩山脊切出許多隘口，成

為交通要道和古代重兵防守的險關。形勢險要的燕山山脊上，築有一道道雄偉的長城，喜峰口、古北口、黃花城、居庸關、東方口、獨石口、張家口，都是燕山長城的重要關隘，古代由燕山以北進入華北平原的重要孔道。時間跨度長達 2000 年的歷代長城遺址，不同時期長城的位置變動，指示了南北勢力的此消彼長。雄踞華北平原北方的屏障意義，「時農時牧、半農半牧」的特徵，使得燕山成為歷史時期內地農業社會與北方遊牧民族之間反覆爭奪的焦點。

今天，在燕山境內能看到的最為顯著的一條農耕與遊牧分界線，是在五百多年前形成的明長城。燕山所處的地理位置和東西延伸的特點，決定了自古以來就被賦予突出的軍事和政治意義。灤河、潮白河及其支流，將燕山的石英岩山脊切出許多隘口，成為交通要道和古代重兵防守的險關。形勢險要的燕山山脊上，築有一道道雄偉的長城，喜峰口、古北口、黃花城、居庸關、東方口、獨石口、張家口，都是燕山長城的重要關隘，古代由燕山以北進入華北平原的重要孔道。時間跨度長達 2000 年的歷代長城遺址，不同時期長城的位置變動，指示了南北勢力的此消彼長。雄踞華北平原北方的屏障意義，「時農時牧、半農半牧」的特徵，使得燕山成為歷史時期內地農業社會與北方遊牧民族之間反覆爭奪的焦點。

燕山名勝古跡眾多。中南部有長城倚山而建。遵化的清東陵，是中國古代規模宏偉的帝王陵墓之一。承德的避暑山莊，是中國現存最宏偉的皇家園林之一。霧靈山是人文歷史與自然景觀緊密結合的著名景區之一。

大興安嶺

　　大興安嶺，古稱大鮮卑山。「興安」係滿語，意為「極寒處」。大興安嶺山脈，東北起自黑龍江南岸，南止於赤峰市境內西拉木倫河上游谷地，呈東北—西南走向，地理坐標介於北緯 43° 至北緯 53° 30′，東經 117° 20′ 至東經 126° 之間，全長 1400 千米，均寬約 200 千米，平均海拔 1100—1400 米，總面積 32.72 萬平方千米，其中內蒙古自治區境內約 24 萬平方千米，黑龍江省境內 8.48 萬平方千米。

　　以內蒙古興安盟境內洮兒河為界，大興安嶺分為南北兩段。大興安嶺北段為歐亞寒溫帶針葉林帶，長約 770 千米，地勢由北向南逐漸升高，位於興安盟的阿爾山摩天嶺，海拔 1711.8 米。山地東西兩側，是嫩江右岸支流和額爾古納河水系的發源地，森林覆被率達 60% 以上，以興安落葉松佔優勢的針葉林為主，主要樹種有興安落葉松、樟子松、紅皮雲杉、白樺、蒙古櫟、山楊等，是中國東北重要的生態屏障和國家森林保育區。大興安嶺南段又稱蘇克斜魯山，為東亞中溫帶闊葉林區，長約 600 千米，草原植被居多。在大板—林東—魯北—烏蘭哈達一線以東的低山地帶，坡緩谷寬，寬闊的山間盆地與河谷平原交錯，是優良草牧場。大興安嶺山體，還從東西方向上分隔了兩個典型的植被區。東側為中溫帶夏綠闊葉林，西側是橫貫歐亞的大草原帶。從東向西，受到季風降水的影響，氣候由濕潤逐漸向乾旱演變，植被則由森林變為草原和荒漠。

　　大興安嶺水系以黑龍江、嫩江為主，伊勒呼里山為分水嶺，嶺北為黑龍江水系，嶺南為嫩江水系。主要河流有多古河、額爾

古納河、呼瑪河、塔河、多布庫爾河、甘河，流域面積 50 平方千米以上的河流 154 條，流域面積 1000 平方千米以上的河流 28 條。

大興安嶺冬寒夏暖，晝夜溫差較大，年平均氣溫零下 2.8℃，最低溫度零下 52.3℃，無霜期 90—110 天，年平均降水量 746 毫米，屬寒溫帶大陸性季風氣候。

大興安嶺的林地有 730 萬公頃，森林覆蓋率達 74.1%。內蒙古大興安嶺重點國有林區是中國四大國有林區之一，地跨呼倫貝爾市、興安盟九個地區，林業主體生態功能區總面積 10.67 萬平方千米，佔整個大興安嶺的 46%；森林面積 8.17 萬平方千米，活立木總蓄積 8.87 億立方米，森林蓄積 7.47 億立方米，均居全國國有林區之首。

第五章

富庶平原

中國的平原

平原，地面平坦或起伏較小的一個較大區域，主要分佈在大河兩岸和瀕臨海洋的地區。平原有兩大類型，獨立型平原是世界五大陸地基本地形之一，例如長江下游平原。從屬型平原是某種更大地形裏的構成單位，例如關中平原、成都平原。

富饒廣袤的中國大平原，物華天寶，人傑地靈。東北平原是面積最大的平原，面積 35 萬平方千米，位於大興安嶺以東、小興安嶺以南、長白山以西、渤海以北，由三江平原、松嫩平原、遼河平原組成，主要覆蓋黑龍江、吉林、遼寧，以及內蒙部東部的一小部分。

華北平原面積約 30 萬平方千米，位於燕山以南、太行山、秦嶺以東，江淮丘陵以北，又叫黃淮海平原，主要覆蓋北京市東南部，天津大部，河北省的燕山以南、太行山以東區域，山東省除山東丘陵以外的區域，安徽、江蘇省的淮河流域，河南省中東部。

長江中下游平原面積約 26 萬平方千米，位於長江中下游長江沿線，由洞庭湖平原、江漢平原、鄱陽湖平原、巢湖平原、太湖平原組成，主要覆蓋湖南、湖北、安徽、江蘇、上海、浙江等的

長江流域地區。

關中平原面積約 3.6 萬平方千米，位於黃土高原南部，秦嶺以北、黃河以西，是一個沉陷盆地，又叫關中盆地、渭河平原，主要覆蓋陝西省中部的西安、渭南、咸陽、寶雞和銅川地區。

河套平原面積約 2.5 萬平方千米，位於賀蘭山、陰山與黃河之間，由寧夏平原、後套平原、前套平原組成，主要覆蓋呼和浩特、包頭、巴彥淖爾、銀川等城市。

成都平原面積約 2.2 萬平方千米，位於龍門山以東、龍泉山以西，主要覆蓋成都、德陽、綿陽、樂山、眉山等地。

汾河平原面積約 1.5 萬平方千米，由太原盆地、運城盆地、臨汾盆地組成，位於呂梁山、黃河以東、太岳山以西，是沉陷盆地沖積平原，主要覆蓋太原、晉中、臨汾、運城等地。

珠三角平原面積約 1.1 萬平方千米，位於珠江入海口附近，覆蓋廣州、深圳、東莞、佛山、惠州、中山、珠海、澳門、香港等地。

寧紹平原面積約 0.48 萬平方千米，因主要位於寧波、紹興而得名，北起錢塘江南岸，南接四明和會稽山地，西起蕭山，東至東海海濱，主要覆蓋寧波、紹興市區和杭州的蕭山區、濱江區。

嘉南平原是台灣省最大的平原，面積 0.45 萬平方千米，位於台灣島西南部，範圍包括雲林、嘉義、台南及高雄市的一部分。

東北平原

東北平原，一個山環水繞、沃野千里的平原，東北平原土層厚，土地肥沃，耕地廣闊，屬於世界三大黑土區其中之一。東北

平原位於大、小興安嶺和長白山地之間，北起嫩江中游，南至遼東灣，海拔大多低於 200 米，南北長約 1000 多千米，東西寬約 400 千米，面積達 35 萬平方千米，是中國最大的平原。

東北平原處於中溫帶，屬於溫帶大陸性季風氣候，一年四季分明，夏季溫熱多雨，冬季寒冷乾燥。7 月平均溫度 21 — 26℃，1 月平均溫度 –24 — 9℃。年降水量 350 — 700 毫米，由東南向西北遞減。降水量的 85 — 90% 集中於暖季（5 — 10 月），雨量的高峰在 7、8、9 三個月。年降水變率不大，為 20% 左右。乾燥度由東南向西北遞增。一般北方作物都可得到較好生長，遼河平原南部，還可栽培棉花和冬小麥，僅松嫩平原北部高粱生長困難。東北平原春季低溫和秋季霜凍現象頻繁。江河兩岸和窪地，汛期常有洪澇災害。

東北平原可分為三個部分，東北部主要是由黑龍江、松花江和烏蘇里江沖積而成的三江平原；南部主要是由遼河沖積而成的遼河平原；中部則為松花江和嫩江沖積而成的松嫩平原。

三江平原則是一個低窪的平坦平原，在被開墾之後成為糧食產區，但是原有濕地面積大量減少。三江平原包括黑龍江、松花江和烏蘇里江的沖積平原，以及完達山以南由烏蘇里江和興凱湖沖積而成的低地平原。西部以鶴崗—佳木斯—密山一線為界，東至烏蘇里江，北達黑龍江，南抵興凱湖。南北長約 520 千米，東西寬 430 多千米，面積 6.8 萬平方千米。海拔一般在 45 — 602 米之間，撫遠三角洲最低處海拔僅 34 米。常見 3 — 17 米深的黏土、亞黏土，滲透性差。無尾河、牛軛湖、各種形態的窪池、沼澤廣泛發育，是典型的低地平原，故又稱三江低地。在歷史上是有名的「北大荒」，中華人民共和國成立後，經開墾成了聞名的「北

大倉」，這裏生物資源、煤炭資源豐富，是農林牧副漁業綜合發展的理想基地。

松嫩平原位於東北地區中心，其東南西北四周，分別與長白山、松遼分水嶺、遼西山地和大興安嶺、小興安嶺為界，總面積約為 17 萬平方千米，平均海拔 140—180 米。松嫩平原的特徵是四周被山地包圍，四面高中間低，為典型的盆地平原。松嫩平原主要河流有嫩江和松花江及其支流。嫩江支流有甘河、科洛河、訥漠爾河、阿倫河、烏裕爾河、雅魯河、綽爾河、洮兒河、歸流河等；松花江支流有第二松花江、拉林河、呼蘭河、牡丹江、倭肯河、湯旺河等。這些河流平均海拔 140—150 米，排水不暢，濕地面積大，湖沼很多。松嫩平原中心為沖積亞黏土、亞砂土，邊緣為洪積、沖積黃土狀亞黏土；嫩江上游還有局部冰水亞黏土、砂礫等。

遼河平原，可分為西遼河沙丘平原和遼河中下游平原兩部分。西遼河平原，指大興安嶺以東、遼河平原以西、松遼分水嶺以南、遼西低山以北被沙丘覆蓋的沖積平原。東西寬約 270 千米，南北長約 180 千米，面積約 6.5 萬平方千米。以固定和半固定沙丘為主。沙丘之間往往有很淺的鍋底狀窪地，有的潴積成湖，雨季湖面擴大，旱季湖面縮小或乾涸。沙丘排列多成壟崗帶狀，自北西西—南東東平行排列。主要是就地起沙，這裏沉積了第四紀鬆散沉積物 100—200 米，形成沙丘平原。遼河中下游平原，北以松遼分水嶺為界，南到渤海，西接遼西低山，東接千山。南北長 230 千米，東西寬 110 千米。這是一個長期沉降地帶，遼河下游河漫灘寬闊，流水不暢，河流輸沙量很大，堆積了沙質黏土和黃土狀沉積物 200 多米厚。因而河口逐漸向外伸展，形成地勢低

窪，鹽沼發育沖積海積平原。

東北平原最具優勢的自然資源，是土地資源和石油資源。東北平原土層深厚，土壤肥沃，富含有機質。東部、北部以自然肥力較高的黑土為主，西部主要是黑鈣土和草甸土，南部遼河平原分佈有草甸土—潮土。境內大部分地區地表水和地下水均較豐富，宜於引灌，尚有很大面積的宜農荒地、草原、草山草坡，農牧業開發潛力巨大。石油、天然氣是東北平原最重要的礦產資源。東北有大慶油田、吉林油田、遼河油田等大型油田。松遼平原的石油儲量約佔全國已探明儲量的一半。

華北平原

華北平原是中國第二大平原，又稱黃淮海平原，位於北緯 32°—40°，東經 114°—121°。華北平原位於黃河下游，西起太行山脈和豫西山地，東到黃海、渤海和山東丘陵，北起燕山山脈，西南到桐柏山和大別山，東南至蘇、皖北部，與長江中下游平原相連，跨越黃河、海河、淮河等流域，延展在北京市、天津市、河北省、山東省、河南省、安徽省和江蘇省等五省、二市地域，面積約 31 萬平方千米。

華北平原是華北陸台上的新生代斷陷區。晚第三紀和第四紀時期，形成連片的大平原，與此同時平原邊緣斷塊山地相對隆起，大平原輪廓日趨鮮明。新生代相對下沉，接受了較厚的沉積，局部沉積竟達千米。

華北平原海拔多不及百米，地勢平緩傾斜。由山麓向濱海順

序出現洪積傾斜平原、洪積—沖積扇形平原、沖積平原、沖積—湖積平原、海積—沖積平原、海積平原等地貌類型。黃河、淮河、海河、灤河等河流所塑造的地貌，構成了華北平原的主體，即黃河沖積扇平原、淮河中下游平原、河中下游平原、灤河下游沖積扇平原。

黃河在孟津以下形成了巨大的沖積扇，扇緣向東直逼魯西南山地丘陵的西側。黃河沖積扇的中軸部位淤積較高，成為華北平原上的「分水脊」，並將淮河、海河兩大水系分隔南北。歷史時期，黃河頻繁遷徙，北至天津、南及蘇北的廣大平原遍受黃河影響。黃河沖積扇上至今尚保留有決口改道所遺留的大量沙崗、窪地、故道等地形。

華北平原屬暖溫帶季風氣候，四季變化明顯，南部淮河流域處於向亞熱帶過渡地區，其氣溫和降水量都比北部高，平原年均溫 8—15℃，冬季寒冷乾燥，農作物大多為兩年三熟，南部一年兩熟。

華北平原主要由黃河、淮河、海河、灤河沖積而成。黃河下游天然地橫貫中部，分南北兩部分，南面為黃淮平原，北面為海河平原。百多年來，黃河在填海造陸面積 2300 平方千米。平原還不斷地向海洋延伸，最迅速的是黃河三角洲地區，平均每年 2—3 千米，那裏地勢低平，大部分海拔 50 米以下。東部沿海平原海拔 10 米以下，自西向東微斜。主要屬於新生代的巨大坳陷，沉積厚度 1500—5000 米左右。

華北平原低窪地、湖沼，集中分佈在黃河沖積扇北面保定與天津大沽之間。

華北平原大部分屬暖溫帶落葉闊葉林帶，原生植被早被農作

物所取代，僅在太行山、燕山山麓邊緣生長旱生、半旱生灌叢或灌草叢，局部溝谷或山麓丘陵陰坡出現小片落葉闊葉林。南部接近亞熱帶，散生馬尾松、樸、柘、化香樹等喬木。廣大平原的田間路旁，以禾本科、菊科、蓼科、藜科等組成的草甸植被為主。未開墾的黃河及海河一些支流氾濫淤積的沙地、沙丘上，生長有沙蓬、蟲實、蒺藜等沙生植物。華北平原上的湖澱窪地，不少低濕沼澤生長蘆葦，局部水域生長荊三棱、湖瓜草、蓮、芡實、菱等水生植物。在內陸鹽鹼地和濱海鹽鹼地上，生長各種耐鹽鹼植物，如蒲草、珊瑚菜、鹽蓬、碱蓬、蒔羅蒿、剪刀股等。

華北平原土層深厚，土質肥沃，是以旱作為主的農業區，中國的重要糧棉油生產基地。主要糧食作物有小麥、水稻、玉米、高粱、穀子和甘薯等，經濟作物主要有棉花、花生、芝麻、大豆和煙草等。華北平原黃河以北，以二年三熟為主，近些年隨着灌溉事業發展，一年兩熟制面積不斷擴大。糧食作物以小麥、玉米為主，主要經濟作物有棉花和花生。黃河以南大部分地區可一年兩熟，以兩年三熟和三年五熟為主，復種指數居華北地區首位糧食作物以小麥、玉米為主，20世紀70年代以來，沿淮及湖窪地區擴大了水稻種植面積，經濟作物主要有烤煙、芝麻、棉花、大豆等。

華北平原地勢平坦，河湖眾多，交通便利，經濟發達，自古以來，華北平原即為中國人口、城市高度密集和工農業較發達的地區，華夏歷史文化的中心區域。目前，華北平原人口和耕地面積約佔全國 1/5。中國首都北京位於華北大平原北部，主要城市還有天津、鄭州、濟南、石家莊、唐山、徐州、邯鄲、商丘、開封、保定、新鄉、安陽等。

長江中下游平原

　　長江中下游平原，為中國三大平原之一，西起巫山東麓，東到黃海、東海濱，北接桐柏山、大別山南麓及黃淮平原，南至江南丘陵及錢塘江、杭州灣以北沿江平原，東西長約 1000 千米，南北寬 100—400 千米，總面積約 20 萬平方千米，主要由江漢平原、洞庭湖平原、鄱陽湖平原、皖蘇沿江平原、裏下河平原及長江三角洲平原等六塊平原組成。一般海拔 5—100 米，多在海拔 50 米以下。年均溫 14—18℃，年降水量 1000—1500 毫米。長江中下游平原，地跨中國鄂、湘、贛、皖、蘇、浙、滬等七省市，素有「水鄉澤國」之稱，水陸交通發達，是中國重要的經濟中心地區。

　　長江中下游平原的地形，地勢低平，河渠縱橫，湖泊星佈，一般海拔 5—100 米，但海拔大部在 50 米以下。中部和沿江沿海地區，為氾濫平原和濱海平原。漢江三角洲地勢，自西北向東南微傾，湖泊成羣擠集於東南前緣。洞庭湖平原大部海拔在 50 米以下，地勢北高南低。鄱陽湖平原地勢低平，大部海拔在 50 米以下，水網稠密，地表覆蓋為紅土及河流沖積物。三角洲以北為裏下河平原，為周高中低的碟形窪地，窪地北緣為黃河故道，南緣為三角洲長江北岸部分，西緣是洪澤湖和運西大堤，東緣是蘇北濱海平原。

　　長江中下游平原位於揚子準地台褶皺斷拗帶內，燕山運動產生一系列斷陷盆地，後經長江切通、貫連和沖積後而形成。受新構造運動影響，平原邊緣白堊系—第三系紅層和第四紀紅土層微微掀升，經流水沖切，成為相對高度 20—30 米的紅土崗丘，中部

和沿江沿海地區則繼續下降形成氾濫平原和濱海平原。

　　江漢平原，位於長江中游湖北省，為兩湖平原的北半部，是湖北省糧、棉、油、水產基地。地下有石油、石膏、岩鹽等礦藏。西起枝江，東至武漢，北抵鍾祥，南至長江以南的基岩低丘，與洞庭湖平原相接，面積約三萬平方千米。除邊緣分佈有海拔 50—100 米的緩崗和低丘外，均為海拔 35—21 米的低下平原。地勢低窪，從西北向東南微微傾斜，漢江、東荊河及長江依勢東流，平原上垸堤縱橫，由於河水氾濫，泥沙淤積，地面常低於沿河地面，垸內低於垸外，雨季常積水成澇。

　　洞庭湖平原，位於湘陰—益陽以北，常德—松滋以東，岳陽—湘陰以西，黃山頭及墨山等低矮基岩孤山以南，面積約一萬餘平方千米，為斷陷成因。地貌輪廓以洞庭湖為中心，由沖湖積平原、湖濱階地、環湖低丘台地組合成的同心圓狀碟形盆地。外圍低丘台地呈波狀起伏，海拔多為 150 米，比高 100 米以下。中部的沖湖積平原，是洞庭湖平原的主體，海拔大多在 30—40 米，坡度僅六度，由湘、資、沅、澧四水和長江四口分流河（松滋河、虎渡河、藕池河、及調弦華容河）的沖積扇聯合組成，河網交錯，湖泊成羣，堤垸縱橫。

　　鄱陽湖平原，東有懷玉山，南有贛中丘陵，西有九嶺山，北有廬山等山地丘陵環繞，海拔在 50 米以下，包括鄱陽湖及其周圍地區，大致位於廬山東麓、德安、新建、豐城、臨川、樂平之間，面積約兩萬平方千米，為地殼斷陷河湖泥沙填積生成，由沖湖積平原和紅土崗地兩部分組成。

　　蘇皖沿江平原，位於北緯 30°—32°，東經 116°—120° 之

間，其中包括蕪湖平原和巢湖平原，由長江及其支流挾帶的泥沙沖積而成，地質構造基礎及自然地理環境結構比較均一，是中國開發歷史悠久，經濟文化發達的地區。

裏下河平原，位於江蘇省中部的碟形平原窪地，西起裏運河，東至串場河，北自古淮河，南抵通揚運河，大約在北緯 32—33.5 度，東經 119—120 度之間，面積 13500 餘平方千米。裏下河平原地勢極為低平，而且呈現四周高、中間低的形態，狀如鍋底，地面高程從周圍海拔 4.5 米，逐漸下降到海拔只有 1 米左右（射陽河），並且大致從東南向西北緩緩傾斜。

長江三角洲平原，長江及錢塘江沖積和濱海沉積共同組成的河口三角洲平原，從江蘇鎮江向北至蘇北泰州—海安一帶，逐漸過渡到黃淮平原，南達杭州灣北岸，西至長江以北，大致以大運河為界，在江南直抵鎮江、丹陽以西的寧鎮低山丘陵及茅山山地，向東伸入東海，總面積約 8 萬平方千米，其中陸上面積約 2.3 萬平方千米，海拔多在 10 米以下。地貌有濱海沙堤、濱湖平原及沿江天然堤等。

長江中下游平原大部分屬北亞熱帶，小部分屬中亞熱帶北緣。年均溫 14—18℃，最冷月均溫 0—5.5℃，最熱月均溫 27—28℃，無霜期 210—270 天。農業一年二熟或三熟，年降水量 1000—1500 毫米，季節分配較均，但有「伏旱」。

長江中下游平原是中國重要的糧、油、棉生產基地，中國水資源最豐富的地區。長江天然水系及縱橫交錯的人工河渠使該區成為中國河網密度最大地區。同時該區是中國淡水湖羣分佈最集中地區，著名淡水湖有鄱陽湖、洞庭湖等。

關中平原

關中平原，又稱渭河平原，位於陝西省中部，介於秦嶺和渭北北山（老龍山、嵯峨山、藥王山、堯山等）之間，西起寶雞，東至潼關，海拔約 325—800 米，東西長約 300 千米，面積約 3.4 萬平方千米。因在函谷關和大散關之間，古代稱「關中」。

關中平原春秋戰國時為秦國故地，包括西安、寶雞、咸陽、渭南、銅川五市及楊陵區。東西長 300 千米，平均海拔約 500 米，西窄東寬，號稱「八百里秦川」。這裏自古灌溉發達，盛產小麥、棉花等，是中國重要的商品糧產區。

歷史上，關中平原南面有秦嶺連綿，隔絕南北；北面有北山，阻隔了西安與北方的交通；東面有崤山縱列，作西安的屏障；西面有汧山、隴山相接，抵擋了西方少數民族的侵擾。長安所在處的渭河平原區之所以被稱為關中，因為東有潼關，西有大散關，南有武關，北有蕭關，居四關之內，故稱關中。

關中平原夾持於陝北高原與秦嶺山脈之間，為喜馬拉雅運動時期形成的巨型斷陷帶，兩側均為高角度正斷層。斷層線上有一連串泉水和溫泉出露。南北兩側山脈沿斷層線不斷上升，盆地徐徐下降，形成地壘式構造平原。

渭河是黃河的最大支流，發源於甘肅省渭源縣西南的鳥鼠山，是黃土高原邊緣與秦嶺西端兩大地質構造的交匯帶，又地處青藏高原和黃土高原連接處。渭河從發源地一路向東，流經甘肅、寧夏和陝西三省，全長 818 千米，在陝西流域面積 6.71 萬平方千米，佔陝西總面積的三分之一。

關中平原形成後，不僅有黃土堆積其間，而且渭河及其兩側

支流攜帶大量泥沙填充淤積其中，第四紀鬆散沉積，最大厚度達
7000 餘米。因地殼間歇性變動和河流下切，形成高度不等的階
地。一二級階地組成關中平原的主體，當地稱「原」，自上而下
如階梯狀的頭道原、二道原、三道原。三道原相當於二級階地。
原面受渭河南北支流切割而破碎。渭河以北，從西向東有西平
原、和尚原、周原、積石原、始平原、畢原、美原、許原等；渭
河以南從西向東有五丈原、細柳原、神禾原、少陵原、白鹿原、
銅人原、陽郭原、孟原等。

關中平原屬溫帶季風性氣候，年均溫 6 — 13℃，冬季最冷
月 1 月，均溫在 −5℃左右，夏季最熱月一般出現在 7 月份，均溫
30℃左右。年降水量 500 — 800 毫米，其中 6 — 9 月份佔 60%，多
為短時暴雨，冬春降水較少，春旱、伏旱頻繁。

渭河由西向東橫貫關中平原，幹流及支流涇河、北洛河等均
有灌溉之利，中國古代著名水利工程如鄭國渠、白渠、漕渠、成
國渠、龍首渠都引自這些河流。關中平原自然、經濟條件優越，
是中國歷史上農業最富庶地區之一。又因交通便利，四周有山河
之險，從西周始，先後有秦、西漢、隋、唐等 13 代王朝建都於關
中平原中心，歷時千餘年。

珠江三角洲平原

珠江三角洲平原位於廣東省中南部、珠江下游，瀕臨南海，
東經 112°45′—113°50′、北緯 21°31′—23°10′，是由珠江水系的
西江、北江、東江及其支流潭江、綏江、增江帶來的泥沙在珠江

口河口灣內堆積而成的複合型三角洲，面積約 1.1 萬平方千米，平均海拔 50 米左右。

珠江三角洲平原的地形，是廣闊而平坦的陸地，地勢低平、起伏和緩，相對高度一般不超過 50 米，坡度在 5 度以下。根據海拔高度，平原可分為低平原和高平原。根據地表形態可分為平坦平原、傾斜平原、碟狀平原、波狀平原等。根據成因可分為構造平原和非構造平原，非構造平原又分為堆積平原和侵蝕平原。平原是地殼長期穩定、升降運動極其緩慢的情況下，經過外力剝蝕夷平作用和堆積作用形成的。「三江匯合、八口分流」是珠江三角洲地貌特徵，主要是指由西江、北江、東江所帶來的泥沙堆積複合而成為平原，水道從八個口門出海。珠江三角洲平原 1/5 面積為星羅棋佈的丘陵、台地、殘丘。

珠江三角洲平原土地總面積 547.33 萬公頃，其中，四周丘陵、山地和島嶼佔總面積的 30%，林地面積 278.49 萬公頃，主要分佈於廣州、惠州、江門、肇慶四市；耕地面積 78.30 萬公頃，主要分佈於廣州、惠州、江門、肇慶四市；城鄉建設用地及交通用地已達 82.64 萬公頃。

珠江三角洲平原是在新生代青藏高原抬升作用下，華南地區發生大規模斷陷而逐漸形成的。十幾萬年前，古珠江河口地區發生斷陷而下沉，為目前珠江三角洲地區成為華南陸地河流的主要出海河口奠定了基礎。珠江水系是在新近紀準平原面上承襲下來，直到十幾萬年前晚更新世時，古珠江奔騰南下，如同一條巨龍在珠江口匯入南海，最初灣口狹窄，以河口侵蝕沖刷為主。隨着河流沖刷和兩岸侵蝕作用，開闊河口逐漸形成，相對開闊的地形給三角洲的沉積提供了沉積物的容納空間。

晚更新世時期，珠江三角洲地區在末次間冰期發生了第一次海水入侵，在廣州、中山等大片地區，形成河口灣和諸多島嶼，並在此期間沉積了含牡蠣殼的三角洲相堆積物，這一海相沉積層厚度可達 15—20 米左右。在距今 3 萬—1.6 萬年的末次盛冰期，全球海平面降到了 —120 米，因海平面下降幅度較大，古珠江延伸到南海北部陸架區域。在全新世早期大約距今 8000 年，珠江三角洲發生第二次海水入侵，海洋最大的範圍向北擴張到三水、花都一帶。隨着海平面迅速上升並穩定下來，大約在距今 7000 年前，整個三角洲平原成為深入陸地的河口灣，沉積了富含海洋生物化石的三角洲相地層。在距今 5000 年左右，南海北部海面已很接近現海平面的高度，然後處於停滯階段，隨着珠江河口不斷充填及溯源侵蝕，三角洲平原逐漸形成。在距今 3000—2000 年以來，三角洲陸地平原的面積開始顯著擴張，海岸帶逐漸向海的方向移動，由於三角洲平原出露，適用於農業種植的土地面積擴大。新石器時代末期，珠江三角洲的人類生存模式演變為以水稻農業為主的經濟模式。

　　珠江三角洲平原內有 1/5 的面積為星羅棋佈的丘陵、台地和殘丘；西部、北部和東部則是丘陵山地環繞，形成天然屏障。南部海岸線長達 1059 千米，島嶼眾多，珠江分八大出海口，形成相對閉合的「三面環山、一面臨海，三江匯合、八口分流」的獨特地形地貌。

　　珠江是西江、北江和東江的總稱，珠江河口從石龍、江村、三水和石嘴等地以下至海岸線，下游水道逐級分汊，縱橫交織如網，自東至西以虎門、蕉門、洪奇瀝、橫門、磨刀門、泥灣門、虎跳門和崖門等八條分流水道為主體，呈放射狀通海，潮流往復運動。

由網狀水道織結的珠江三角洲平原，連同其內的丘陵台地，是中國第二大三角洲。珠江三角洲海岸線從深圳河口起至台山市銅鼓角止，長約 400 千米，岸線外依次為三角洲前緣和前三角洲。

　　珠江三角洲濕地，主要分佈於廣州以南，北緯 22°00′，東經 113°05′，面積 475000 公頃。珠江口屬於淤漲型海岸，珠江三角洲灘塗資源豐富，主要分佈於伶仃洋和黃茅海東西兩岸及磨刀門、雞啼門的口外淺灘。研究表明，近百年來，由於水土流失、廣築堤圍、沿海圍墾，灘塗面積增長迅速。

　　珠江三角洲平原大部分位於北回歸線以南，地處南亞熱帶，屬南亞熱帶季風氣候區，無霜期 352 天，年日照為 2000 小時，四季分佈比較均勻。年平均氣溫 21.4—22.4℃，其中封開、德慶、廣寧、懷集、鶴山、惠東、博羅平均溫度較低，深圳、珠海平均溫度較高。年平均降雨量 1600—2300 毫米，受季風氣候影響，降雨量集中在 4—9 月。冬季盛行偏北風，天氣乾燥。夏季盛行西南和東南風，高溫多雨。

　　珠江三角洲平原位於西江、北江、東江下游，包括西江、北江、東江和三角洲諸河四大水系，流域面積 45 萬平方千米。河網區面積 9750 平方千米，河網密度 0.8 千米/平方千米，主要河道有 100 多條、長度約 1700 千米，水道縱橫交錯，相互貫通。密集的河網帶來豐富的水資源，水資源總量 3742 億立方米，承接西江、北江、東江的過境水量合計為 2941 億立方米，流經虎門、蕉門、洪奇門、橫門、磨刀門、雞鳴門、虎跳門和崖口等八大口門，注入南中國海。

　　珠江三角洲平原地勢低平，但也散佈着一些山丘，多為蝕

餘殘丘，海拔一般為幾十米到二三百米。珠江三角洲天然湖泊很少，河網卻十分稠密，汊流眾多。如西江與北江從三水開始，分支的河汊就有十多條，東江從石龍開始也分出十條河汊。各主流的支汊河道，往往通過一些短小水道相互溝通。珠江三角洲平原大小河港近百條。

珠江三角洲平原海岸帶長達 1479 千米，約佔廣東省海岸線的36%。擁有海島 433 個，面積在 500 平方米以上海島 381 個。

珠江三角洲平原土壤中有機質和腐殖質都很豐富，肥沃的土壤十分有利於農作物生長。亞熱帶溫暖濕潤的氣候，各種農作物可全年生長，需要熱量較多的水稻可以一年三熟。當地人民挖池塘，修堤圍，池塘裏養魚，基堤上有的種桑樹，有的種甘蔗，有的闢為果園，發展多種經營，形成了「桑基魚塘」「蔗基魚塘」「果基魚塘」等獨特的人工農業生態系統。珠江三角洲平原農、林、漁各業緊密結合，相互促進。農作物以水稻為主，分佈普遍，為國家提供了大量的商品糧，又是中國養蠶、養魚、種植果樹最發達地區之一。甘蔗的種植面積、產量在全國佔有重要地位。

珠江三角洲是華南地區的經濟中心，主要城市有廣州、香港、澳門、深圳、珠海、中山、東莞、佛山、江門、惠州、肇慶等，有「南海明珠」的美譽。2015 年世界銀行發佈的報告顯示，珠江三角洲成為世界最大城市羣。珠江三角洲地區通常又稱為珠江三角洲經濟圈。珠江三角洲攜手港澳和九大城市共同建設粵港澳大灣區，是中國改革開放的先行區，重要的經濟中心，人口聚集最多、創新能力最強、綜合實力最強的城市羣之一。珠江三角洲地區已經成為世界知名的加工製造和出口基地，是世界產業轉

移的首選地區之一，形成了以電子信息、家電等為主的企業羣和產業羣。珠江三角洲聚集了廣東省重要科技資源，是全省高新技術產業的主要研發基地，是中國規模最大的高新技術產業帶，是國內乃至國際重要的高新技術產業生產基地。

第六章

高原盆地

凸凹風景

素有「大地的舞台」之稱的高原，指海拔高度一般在 1000 米以上，面積廣大、地形開闊、周邊以明顯的陡坡為界、比較完整的大面積隆起地區。高原是在長期連續的大面積的地殼抬升運動中形成的，有的高原寬廣平坦，起伏不大；有的高原山巒起伏，地形跌宕。

中國有四大高原，集中分佈在中國地勢第一、第二階梯上，由於高度、位置、成因、氣候和受外力侵蝕作用不同，外貌特徵各異，青藏高聳，內蒙古逶迤，黃土蘊藉，雲貴雄奇。

青藏高原地勢高，平均海拔 4000 米以上，多雪山冰川，主要位於西藏、青海、四川西部。內蒙古高原是蒙古高原的一部分，海拔 1000—1400 米，主要位於內蒙古、寧夏、甘肅。黃土高原是世界著名的大面積黃土覆蓋的高原，由西北向東南傾斜，海拔 800—2500 米，溝壑縱橫，植被稀少，主要位於山西、陝西、甘肅、寧夏。雲貴高原地形崎嶇不平，海拔 1000—2000 米，多峽谷及典型的喀斯特地貌，主要位於雲南、貴州、廣西西北部。

盆地，指地球表面相對長時期沉降的區域，因整個地形外觀與盆子相似而得名。換言之，盆地是基底表面相對於海平面長期窪

陷或坳陷並接受沉積物沉積充填的地區。盆地主要是由於地殼運動形成的。在地殼運動作用下，地下的岩層受到擠壓或拉伸，變得彎曲或產生了斷裂，就會使有些部分的岩石隆起，有些部分下降，如果下降的那部分被隆起的那些部分包圍，就形成了盆地的雛形。

中國四大盆地，都是內陸盆地，三個位於第二階梯，一個位於第一階梯，即新疆維吾爾自治區南部的塔里木盆地、北部的準噶爾盆地、青海西北部的柴達木盆地和四川盆地。四大盆地也是風姿各異，塔里木浩大，準噶爾瀚海，柴達木聚寶，四川豐饒。

塔里木盆地是中國最大的內陸盆地，位於天山山脈和崑崙山脈之間。南北最寬處 520 千米，東西最長處 1400 千米，面積約 40 多萬平方千米。準噶爾盆地位於阿爾泰山與天山之間，西側為準噶爾西部山地，東至北塔山麓。南北寬 450 千米，東西長 700 千米，面積達 30 多萬平方千米，沙漠佔 30%。青海西北部的柴達木盆地，屬封閉性的巨大山間斷陷盆地，四周被崑崙山脈、祁連山脈與阿爾金山脈所環抱，面積約 25 萬平方千米。四川省東部、長江上游的四川盆地，西依青藏高原和橫斷山地，北靠秦嶺山地與黃土高原相望，東接湘鄂西山地，南連雲貴高原，地表崎嶇，面積 26 萬餘平方千米。

中國的高原與盆地，凸凹立體的壯麗風景。

青藏高原

被稱為「世界屋脊」「地球第三極」是青藏高原，中國最大、世界海拔最高的高原。青藏高原介於北緯 26°—39°，東經 73°—

104°之間，西起帕米爾高原，東到橫斷山，北界為崑崙山、阿爾金山和祁連山，南抵喜馬拉雅山，東西長約 2800 千米，南北寬約 300—1500 千米，總面積約 250 萬平方千米，除西南邊緣部分分別屬印度、巴基斯坦、尼泊爾，錫金、不丹及緬甸等國外，絕大部分位於中國境內。青藏高原平均海拔 4000 米以上，為東亞、南亞等許多大河流的發源地。

地形上，青藏高原可分為藏北高原、藏南谷地、柴達木盆地、祁連山地、青海高原和川藏高山峽谷區等六個部分，包括中國西藏、青海的大部分與新疆、四川、雲南、甘肅的一部分以及不丹、尼泊爾、印度、巴基斯坦、阿富汗、塔吉克斯坦、吉爾吉斯斯坦的若干部分。

青藏高原是一個巨大的山脈體系，由山系和高原面組成。由於高原在形成過程中受到重力和外有引力的影響，所以高原面發生了不同程度的變形，使整個高原的地勢呈現出由西北—東南傾斜的趨勢。高原面的邊緣，被強烈切割形成青藏高原的低海拔地區，山、谷及河流相間，地形破碎。

青藏高原密佈高山大川，地勢險峻多變，地形複雜。青藏高原各處的高山參差不齊，落差極大，海拔 4000 米以上的地區，佔青海省全省面積的 60.93%，佔西藏自治區全區面積的 86.1%。青藏高原區內，有海拔 8844.43 米的世界第一高峰珠穆朗瑪峰，也有海拔 1503 米的金沙江。總體來說，青藏高原地勢呈西高東低的特點。相對於高原邊緣區的起伏不平，高原內部反而存在一個起伏度較低的區域。比如，喜馬拉雅山的平均海拔在 6000 米左右，而雅魯藏布江河谷平原的平均海拔為 3000 米。

青藏高原邊緣區，存在一個巨大的高山山脈系列，根據走

向，可分為東西向和南北向，這兩組山脈組成了地貌骨架，控制着青藏高原地貌的基本格局。東西向山脈，佔據了青藏高原的大部分地區，是主要的山脈類型；南北向山脈，主要分佈在高原的東南部及橫斷山區附近。東北向的山脈，平均海拔高度普遍偏高，除祁連山山頂海拔高度為 4500 米—5500 米之外，崑崙山、巴顏喀拉山、喀喇崑崙山等的山頂海拔均在 6000 米以上。許多次一級的山脈也間雜其中。兩組山脈之間，有平行峽谷地貌，還分佈有數量廣泛的寬谷、盆地和湖泊。

青藏高原分佈着世界中低緯地區面積最大、範圍最廣的多年凍土區，佔中國凍土面積的 70%。其中青南—藏北凍土區，又是整個高原分佈最為廣泛的凍土區，約佔青藏高原凍土區總面積的 57.1%。除去多年凍土之外，青藏高原在海拔較低區域內，還分佈有季節性凍土，即凍土隨季節的變化而變化，凍結、融化交替出現，呈現出一系列融凍地貌類型。另外，青藏高原也廣泛分佈冰川及其雕塑的冰川地貌。

青藏高原是中國眾多河流的發源地，南部與東部的邊緣山區河網密集，較大的外流河有雅魯藏布江（其大支流有拉薩河、年楚河、尼洋曲與帕隆藏布等）、怒江、朋曲和長江、黃河與瀾滄江等大河的上游段。

青藏高原共有大小湖泊 1500 多個，其中，面積 1 平方千米以上的湖泊 1091 個，面積 44993.3 平方千米；大於 10 平方千米的湖泊有 346 個，總面積為 42816.10 平方千米，約佔全國湖泊總面積的 49.5%。青藏高原的湖泊以鹹水湖和鹽湖為主，較著名的湖泊有納木錯、青海湖、察爾汗鹽湖、鄂陵湖等。

青藏高原的自然歷史發育極其年輕，受多種因素共同影響，

形成了全世界最高、最年輕而水平地帶性和垂直地帶性緊密結合的自然地理單元。青藏高原氣候的總體特點是輻射強烈，日照多，氣溫低，積溫少。氣溫隨高度和緯度的升高而降低，氣溫日差較大。乾濕分明，多夜雨。冬季乾冷漫長，大風多；夏季溫涼多雨，冰雹多。高原腹地年平均溫度在 0℃ 以下，大片地區最暖月平均溫度也不足 10℃。

青藏高原是中華民族的源頭地之一和中華文明的發祥地之一。青藏高原上的居民以藏族為主，形成了以藏族文化為主的高原文化體系。

內蒙古高原

內蒙古高原，蒙古高原的一部分，又稱北部高原。狹義上的內蒙古高原，南至陰山山脈，東至大興安嶺，西至賀蘭山，北至國界。介於北緯 40°20′—50°50′，東經 106°—121°40′，面積約 34 萬平方千米。廣義的內蒙古高原，還包括長城以北的鄂爾多斯高原及賀蘭山以西的阿拉善高原。

內蒙古高原形成歷史久遠，早在距今 1.3 億年前，已奠定了高原地貌的基本輪廓。喜馬拉雅運動和新構造運動使內蒙古高原普遍抬升，並有大規模的玄武岩噴溢，填充了低窪處形成熔岩台地，廣佈於高原東部，台地呈階梯狀，台面略有起伏。高原上普遍存有五級夷平面，形成層狀高原。此後，地殼相對穩定，經過長期的風化、流水和風蝕等外力的剝蝕作用，把高地削平，低地墊高，致使原來起伏不平的地表趨於平坦均一。到了距今 200—

300 萬年，地勢才明顯上升成為高原。近萬年來，內蒙古高原變得愈來愈乾旱，河流很少，地表植被稀疏，水力侵蝕作用非常微弱，風力作用強盛，使很多地方粗沙礫石遍佈，甚至石骨嶙露，形成戈壁和沙漠。

內蒙古高原平均海拔 1000 — 1200 米，南高北低，北部形成東西向低地，最低海拔降至 600 米左右，在中蒙邊境一帶是斷續相連的乾燥剝蝕殘丘，相對高度約百米。高原地面坦蕩完整，起伏和緩，古剝蝕夷平面顯著，風沙廣佈，古有「瀚海」之稱。

內蒙古高原的戈壁、沙漠、沙地，依次從西北向東南略呈弧形分佈，高原西北部邊緣為礫質戈壁，往東南為砂質戈壁，高原中部和東南部為伏沙和明沙。伏沙帶分佈於陰山北麓和大興安嶺西麓，呈弧形斷續相連。明沙主要有巴音戈壁沙漠，海里斯沙漠、白音察乾沙漠、渾善達克沙地、烏珠穆沁沙地、呼倫貝爾沙地等。內蒙古高原又是中國多風地區之一，年均風速 4 — 6 米／秒；也是中國湖泊較多的地區之一，常年有水的湖泊湖水淺，面積小，或為雨季湖。

內蒙古高原上散佈着數量眾多、形狀多樣的封閉和半封閉盆地與窪地。這些水草較好的盆地與窪地，在內蒙古的許多牧區被稱為「塔拉」或「柴登」。內蒙古高原各盆地中發育起來的各類土壤，從盆地邊緣到盆地底部中心窪地，依次排列着沙石原始地帶性土壤環、壤質半水成土壤環、壤質草甸土壤環和鹽鹼土壤環。

內蒙古高原是中國重要的牧場，草原面積約佔高原面積的80%，屬歐亞溫帶草原區的一部分。植物種類以多年旱生中溫帶草本植物佔優勢，最主要為叢生禾草，次為根莖禾草，雜類草及旱生小灌木和小半灌木成分。高原上草地的組成、高度、覆蓋

度、產量和營養成分也呈東西向變化。森林草原帶的牧草,高大茂密,種類多,草層高度 50—60 厘米,覆蓋度 65%—80%,以雜類草為主,富含碳水化合物,適宜飼養牛和馬。典型草原帶的牧草,高度在 30—40 厘米,覆蓋度 35%—45%,以禾本科牧草佔優勢,蛋白質含量顯著增高,是中國最大的綿羊及山羊放牧區。荒漠草原帶的牧草,低矮、稀疏,草層高 10—15 厘米,覆蓋度 15%—25%,種類貧乏,旱生、叢生小禾草和旱生小半灌木起建羣作用,但脂肪和蛋白質的含量高,適於放羊,且以山羊最多。內蒙古高原荒漠帶以小半灌木佔絕對優勢,草層高度 15—50 厘米,覆蓋度一般 5%—10%,牧草質量差,含灰分高,具有帶刺含鹽的特點,是中國駱駝主要產區之一。

內蒙古高原平均每平方千米三人,為蒙古族、達斡爾族、鄂溫克族、鄂倫春族和漢族等各族人民長期從事畜牧業生產活動的地區。

黃土高原

黃土高原,位於中國中部偏北部,主要由山西高原、陝甘晉高原、隴中高原和河套平原組成,是中華民族古代文明的發祥地之一。黃土高原範圍包括中國太行山以西,烏鞘嶺以東,秦嶺以北,長城以南的廣大地區,總面積 64 萬平方千米,位於中國第二級階梯之上,海拔高度 800—3000 米。

黃土高原的原生黃土,是第四紀冰期乾冷氣候條件下的風塵堆積物;次生黃土是原生黃土經洪積、沖積改造而成的。在第四

紀黃土堆積時期，隨着冰期、間冰期的氣候旋迴，黃土地層呈現黃土與古土壤的更替變化。根據黃土中的古土壤，黃土地層自下而上可以分為午城黃土、離石黃土、馬蘭黃土和全新世黃土。黃土高原黃土地層的分佈厚度在六盤山與呂梁山之間一般為 150—250 米，六盤山以西一般在 100 米以內。

黃土高原地勢西北高，東南低，自西北向東南呈波狀下降。以六盤山和呂梁山為界，黃土高原分為東、中、西三部分。六盤山以西的黃土高原西部，海拔 2000—3000 米，是黃土高原地勢最高的地區。六盤山與呂梁山之間的黃土高原中部，海拔 1000—2000 米，是黃土高原的主體。呂梁山以東的黃土高原東部，地勢降至 500—1000 米，河谷平原佔有較大比例。

黃土高原地勢又分為山地區、黃土丘陵區、黃土原區、黃土台原區、河谷平原區。山地區域中，湟水與黃河谷地之間的拉脊山、馬銜山等海拔 3000—4000 米，地勢高亢，河谷深切，谷坡陡峭，是黃土高原海拔最高的石質山地。黃土高原中部的六盤山、白於山、嶗山、子午嶺、黃龍山、關中盆地北側的北山等，主要為石質或土石中山，是黃土高原典型的土石山地。關中盆地北部的北山，海拔 900—1200 米，山勢疏緩低矮，南陡北緩。黃土高原東部山地，主要有呂梁山、太行山、中條山等。

丘陵區是黃土高原面積最為遼闊的地貌區，佔黃土高原面積的 56.79%。甘肅臨夏、和政、渭源等地為土石丘陵，海拔 1900—2300 米。甘肅定西、渭源、通渭、會寧等地分佈着面積廣大的黃土梁狀丘陵。陝西白於山、子午嶺、嶗山的外圍地區，以及富縣、宜君一帶丘陵多呈縱長的梁狀。飾狀丘陵，分佈於山西河曲、保德、興縣、臨縣等黃河沿岸，以及陝西綏德、米脂、佳

縣、清澗、神木、府谷等地，是黃土高原最典型的丘陵地區。黃土梁峁丘陵分佈於山西臨縣、離石、柳林、永和、汾西、古縣，以及陝西延安、安塞等地。陝西榆林、橫山等第為沙蓋梁峁丘陵。

黃土原，指黃土覆蓋的較高而面積較大的平坦地面，其周圍為溝谷所環蝕，邊緣由於受溝谷的向源侵蝕而參差不齊，是黃土高原的特有地貌。黃土原區域，主要分佈在陝甘寧盆地南部與西部以及隴西盆地北部。洛川原，位於子午嶺和黃龍山之間的洛河中游。董志原，位於陝甘寧盆地西南，介於徑河支流馬蓮河與蒲河之間，原面海拔 1250—1400 米，走向為西北—東南，原面寬暢開闊，長約 80 千米，寬 5—10 千米，最寬處近 20 千米。白草原，位於祖厲河中下游，原面海拔 1750—1900 米，相對切割深度180—200 米，原面比較完整。長武原，位於徑河流域，是隴東黃土原的南延部分，原面海拔 1000—1300 米，地勢向東南傾斜。

黃土台原區域，主要分佈在關中盆地、汾河谷地、豫西、晉南黃河沿岸。關中黃土台原，沿渭河兩側做東西向分佈，主要有陵原、賈村原、周原、咸陽原、合陽—澄城原等。渭河以南自西向東，主要有五丈原、翠峰原、神禾原、少陵原、樂游原、白鹿原、銅人原、代王—馬額原、陽郭原、孟原等。關中黃土台原，呈階梯狀向渭河傾斜，原面平坦。豫西山地北麓台原，沿黃河南岸東西沿伸，較大的有張村原、張汁原、蘇村原、陽店原、焦村原、程村原等，原面呈階梯狀向黃河傾斜。晉南黃土台原，分佈於中條山南麓苗城、平陸一帶及峨眉台地，其中峨眉原面積最大。汾河谷地黃土台原，沿汾河兩側分佈，汾河下游浮山、翼城、翟山附近台原面積尤為寬廣。

關中平原、汾河谷地平原和伊洛河下游平原，是黃土高原

面積最大的三個平原。關中平原，由渭河及其支流沖積而成，西起寶雞、東至潼關，東西長 300 千米。汾河谷地平原，主要分佈在大同、忻州、太原、臨汾、運城盆地，其中太原盆地長 130 千米，寬 15—30 千米，是汾河流域面積最大的沖積平原。伊洛河下游平原，西起洛陽，東到鞏縣，面積達 670 平方千米。

黃土高原之上，孕育出黃土地獨特的文化，產生了以「窯洞」為代表的民居和以信天游、安塞腰鼓為代表的民間文藝。

雲貴高原

雲貴高原，位於中國西南部，大致位於東經 100°—111°，北緯 22°—30° 之間，西鄰青藏高原，北接四川盆地，東毗鄂湘兩省，南連中南半島，是中國西南邊疆的主體部分，也是中國通往東南亞、南亞地區的必經區域。雲貴高原東西長約 1000 千米，南北寬 400—800 千米，總面積約 50 萬平方千米。

在距今大約兩億年以前，雲貴高原是一個長期被海水淹沒的海灣，堆積了深厚質純而面積廣大的石灰岩。距今約 2.08 億年前的中生代三迭紀晚期，印支運動爆發，地殼隆起拗陷交替出現，沉積物不斷堆積，來自東部及北部擠壓，使物質向一個方向集中，加之受重力均衡作用影響，使地殼逐漸加厚，新生代以來地面迅速抬升，高原形成，距今約 3600 萬年至 5300 萬年前的第三紀始新世時期，發生了喜馬拉雅造山運動，雲貴高原被再度抬升。

雲貴高原處在青藏高原向湖南、廣西丘陵山地的過渡地帶，北面有四川盆地，南面與廣西壯族自治區相鄰，靠近熱帶海洋。

高原地勢從西北向東南，呈現出階梯式的下降。以烏蒙山為界，可將整個雲貴高原進一步分為西部的雲南高原和東部的貴州高原。

雲南高原總的地勢，由北向南呈階梯式下降，北高、南低、西北最高、東南最低。其西北部，為雲貴高原地勢最高帶，海拔一般在 3000—4000 米，有許多終年積雪的高山，如玉龍雪山、梅里雪山、哈巴雪山等，境內的最高點是雲南和西藏交界的德欽縣梅里雪山的主峰卡格博峰，海拔 6740 米；而最低點，位於雲南東南部紅河與南溪河交匯處，海拔僅為 76 米。整個高原的地勢，由北向南大致可分為三個梯層，第一級梯層為西北部德欽、中甸一帶，海拔一般在 3000 米—4000 米之間，許多山峰海拔還可達到 5000 米以上；第二梯層為中部高原主體，海拔一般在 2300—2600 米之間，有 3000—3500 米的高海拔山峰，也有 1700 米—2000 米的低海拔盆地；第三梯層則為西南部、南部和東南部邊緣地區，分佈着海拔 1200—1400 米的山地、丘陵和海拔低於 1000 米的盆地和河谷。雲貴高原以元江河谷和雲嶺山脈東側寬谷盆地一線為界，東部高原綿延，西部山川縱橫，地貌形態差異很大。這裏的山脈河流，由高黎貢山、怒山、雲嶺、無量山、哀牢山等南北走向的山脈和怒江、元江等南北走向的河流相間排列，自北向南，山脈的高度逐漸降低，山脈及河流間的間距在拉大，峽谷深度也在加大，形成了著名的縱向峰谷區。

貴州高原地勢自西向東，自中部向南部和北部傾斜，境內主要山脈有四條，山脈大體上呈現出東北—西南走向，西北部的烏蒙山與雲南相鄰，呈現出南北走向，海拔一般在 2000—2400 米之間。貴州高原的最高點，位於赫章和水城交界處的韭菜坪，海拔高度 2900 米。北部的大婁山，呈現出東北—西南走向，海拔高度

一般處於 1000—1500 米間。東北部的武陵山脈，是烏江和沅江的分水嶺，呈現東北—西南走向。中部的苗嶺山脈，是長江水系和珠江水系的分水嶺，往北流為長江水系，往南流為珠江水系，其西部與烏蒙山脈相連，呈現東西走向，西段、中段、東段海拔分別為 1500 米、1300 米、1000 米左右。受地形影響，貴州高原的河流分別向東、向南、向北三個方向流去。

岩溶地貌，又稱喀斯特地貌，是在可溶性的岩石基質上經流水的溶蝕作用不斷發展起來的一種地貌形態，表現為地上石峰林立、峰叢矗擁、崎嶇不平；地下伏流、暗河和溶洞縱橫交錯。雲貴高原有連片的喀斯特山地分佈，較集中的地區為滇、黔、桂毗鄰地帶，總面積近 17 萬平方千米。

雲貴高原屬亞熱帶濕潤區，為亞熱帶季風氣候，是中國森林植被類型最為豐富的區域，動植物資源豐富。豐富多樣的自然環境，造就了生物的多樣性和文化的多樣性，是中國少數民族種類最多的地區，各民族保留了豐富多彩的文化傳統。

塔里木盆地

塔里木盆地，位於中國新疆南部，是中國面積最大的內陸盆地。塔里木盆地處於天山、崑崙山和阿爾金山之間，南北最寬處 520 千米，東西最長處 1400 千米，面積約 40 多萬平方千米。海拔高度在 800 到 1300 米之間，地勢西高東低。

塔里木盆地地質構造上是周圍被許多深大斷裂所限制的穩定地塊。地塊基底為古老結晶岩，基底上有厚約千米的古生代和元

古代沉積覆蓋層，上有較薄的中生代和新生代沉積層，第四紀沉積物的面積很大。

塔里木盆地西高東低，微向北傾，舊羅布泊湖面高程 780 米，是盆地最低點。塔里木河位置偏於盆地北緣，水向東流。塔里木盆地地貌呈環狀分佈，邊緣是與山地連接的礫石戈壁，中心是遼闊沙漠，邊緣和沙漠間是沖積扇和沖積平原，並有綠洲分佈。塔里木河以南的塔克拉瑪乾沙漠，面積 33.7 萬平方千米，佔新疆面積的 20%，佔中國沙漠和戈壁總面積的 26%，是中國最大沙漠，也是世界第二位的流動沙漠。

塔里木盆地的個體沙丘，每年約南移 50 — 60 米，流動沙丘面積佔 85%，沙丘形狀複雜，有金字塔形、穹狀、魚鱗狀、複合型沙丘鏈、複合型沙壟等多種形態。塔里木盆地沿天山南麓和崑崙山北麓，主要是棕色荒漠土、龜裂性土和殘餘鹽土，崑崙山和阿爾金山北麓則以石膏鹽盤棕色荒漠土為主。

沿塔里木河和大河下游兩岸的沖積平原上，主要是草甸土和胡楊林土。草甸土分佈廣，輪台至尉犁間河道兩側最為集中。胡楊林土發育於茂密成蔭的胡楊林下，有機質含量在 1% — 2% 以上，鹽分含量不高。草甸土和胡楊林土為農墾主要對象。

塔里木盆地屬於暖溫帶氣候，年均溫 9 — 11℃，無霜期超過 200 天。自然災害主要是風沙和乾熱風，以東北風和西北風為主，盆地邊緣沙丘南移現象嚴重。

「塔里木」，在維吾爾語中即河流匯集之意。舊時喀什噶爾河、渭乾河等也匯入塔里木河，後因灌溉耗水過多，與塔里木河間已斷流。水源充足的山麓地帶已發展為灌溉綠洲，著名的有庫爾勒、庫車、阿克蘇、喀什、葉城、和田、于田等。

塔里木盆地是中國最古老的內陸產棉區，光照條件好，熱量豐富，能滿足中、晚熟陸地棉和長絨棉的需要。塔里木盆地晝夜溫差大，有利於作物積累養分，又不利害蟲孳生，是中國優質棉種植的高產穩產區。塔里木盆地瓜果資源豐富，著名的有庫爾勒香梨、庫車白杏、阿圖什無花果、葉城石榴、和田紅葡萄等。木本油料的薄殼核桃種植也很普遍。和田的地毯編織和桑蠶養殖發達。

塔里木盆地是中國最大的含油氣沉積盆地。塔里木油田 1989年建成投產後，逐漸成為中國西部的能源經濟中心，原油產量不斷增長，天然氣產量也從 2004 年的約 14 億立方米猛增至 2009 年的 181 億立方米，成為「西氣東輸」工程的主力氣源之一。截至2015 年，可探明油氣資源總量 168 億噸，油氣探明率 14.6%，發現和探明大型油氣田 30 多個，油氣年產量當量超 2500 萬噸，油氣產量當量年均增長百萬噸。

準噶爾盆地

準噶爾盆地，位於中國新疆維吾爾自治區北部，西北為準噶爾界山，東北為阿爾泰山，南部為北天山，是一個略呈三角形的封閉式內陸盆地，東西長 700 千米，南北寬 370 千米，面積 13 萬平方千米。

準噶爾盆地盆地一般海拔 400 米左右，地勢向西傾斜，北部略高於南部，北部的烏倫古湖（布倫托海）湖面高程 479.1 米，中部的瑪納斯湖湖面 270 米，西南部的艾比湖湖面 189 米，是盆地最低點。盆地西側有幾處缺口，如額爾齊斯河谷、額敏河谷及阿

拉山口。西風氣流由缺口進入，為盆地及周圍山地帶來降水。

　　準噶爾盆地的平原可分為兩區。北起阿爾泰山南麓、南抵沙漠北緣的北部平原，風蝕作用明顯，有大片風蝕窪地。南部平原南起天山北麓，北至沙漠北緣、可分兩帶，北帶為沙漠，南帶為天山北麓山前平原，是當地的主要農業產區。古爾班通古特沙漠是中國第二大沙漠，固定和半固定沙丘佔優勢，流動沙丘僅佔3%。沙漠區年降水量約 100 毫米，冬季有穩定積雪。

　　天山北麓平原，為新建的重要農業區，種植小麥、玉蜀黍、水稻、棉花、甜菜等。盆地內夏季氣溫高，棉花種植地區已達北緯 44°，為世界上棉花種植的最北限。

　　準噶爾盆地石油總資源量為 86 億噸，天然氣總資源量 2.1 萬億立方米。盆地中有豐富礦藏，南緣有煤田，西部有獨山子和克拉瑪依油田，兩地都設有煉油廠，有輸油管通往烏魯木齊市。盆地西緣有阿拉山口、老風口、布爾津等風口，風力強勁。

　　準噶爾盆地除了有大面積的沙漠、戈壁灘、鹽鹼灘之外，盆地四周還有星羅棋佈的綠洲圍繞，以及大量奇特的地文景觀。雅丹地貌是對極端乾旱區經過億萬年風蝕而形成的地貌的統稱。在準噶爾盆地，雅丹地貌特別出眾，面積大，分佈廣，且形狀和色彩極其豐富，「魔鬼城」景點中的被風蝕的土丘，高低錯落，千奇百怪，恐怖怪誕，詭祕多變，猶如一座龐大的古城堡羣。

柴達木盆地

　　柴達木盆地，位於青海省西北部，羣山環抱，西北抵阿爾

金山脈，西南至崑崙山脈，東北有祁連山脈，整個盆地略呈三角形，東西長約 800 千米，南北寬約 300 千米，面積約 25 萬平方千米。柴達木盆地屬封閉性的巨大山間斷陷盆地，「柴達木」為蒙古語，意為「鹽澤」，盆地內陸盛產鐵礦、銅礦、錫礦、鹽礦等多種礦物，被譽為「聚寶盆」。

柴達木盆地基底為前寒武紀結晶變質岩系。地勢由西北向東南微傾，海拔自 3000 米漸降至 2600 米左右。地貌呈同心環狀分佈，自邊緣至中心，洪積礫石扇形地（戈壁）、沖積—洪積粉砂質平原、湖積—沖積粉砂黏土質平原、湖積淤泥鹽土平原有規律地依次遞變。地勢低窪處，鹽湖與沼澤廣佈。盆地西北部戈壁帶內緣，比高百米以下的壟崗丘陵成羣成束。盆地東南沉降劇烈，沖積與湖積平原廣闊，主要湖泊如南、北霍魯遜湖和達布遜湖等都分佈於此。柴達木河、素林郭勒河與格爾木河等下游，沿岸及湖泊周圍分佈有大片沼澤。柴達木盆地東北部，因有一系列變質岩系低山斷塊隆起，在盆地與祁連山脈間形成次一級小型山間盆地，自西而東有花海子，大、小柴旦，德令哈與烏蘭等盆地，這些盆地中的河流，分別注入其低窪中心的湖泊中。河流大部為間歇性，總計 100 條河流中，常流河僅十餘條，主要分佈於盆地東部。西部水網極為稀疏，盆地內共有大小鹽湖 20 餘個，湖泊水質多已鹹化。

柴達木盆地自然景觀為乾旱荒漠，主要土類為鹽化荒漠土和石膏荒漠土，石膏荒漠土主要分佈於盆地西部。草甸土、沼澤土一般均有鹽漬化現象。柴達木盆地植被稀疏，種類單純，總共不足 200 種，以具有高度抗旱能力的灌木、半灌木和草本為主，鹽生植物較多。植被結構簡單，約有 6 / 10 的羣叢系由一個或幾個

種組成。在山麓洪積扇和沖積—洪積平原上，以勃氏麻黃、梭梭和紅砂灌木所組成的荒漠植被羣落為主；在鹽性沼澤及鹽湖、河流沿岸，莎草科密生形成草丘，其中佔優勢的有深紫針藺、絲藨草與黑苔草等鹽生植被；鹽湖與沼澤外圍以蘆葦與賴草為主。

柴達木盆地的動物區系，具有蒙新區向青藏區過渡的特徵。野生動物主要有野駱駝、野驢、野牦牛、黃羊、青羊、旱獺、狼、馬熊、獐、狐、獾等。由於墾殖和捕獵，目前野生動物大為減少。

柴達木盆地現有耕地，集中於東部和東南部綠洲地帶，以生產糧食、油料為主，單產較高。

柴達木盆地素有「聚寶盆」之稱，已探明礦點 200 餘處，計 50 餘種，其中鹽、石油、鉛鋅和硼砂儲量尤豐，食鹽總儲量達 600 億噸左右。芒硝、鉀鹽、硼酸鹽具有工業開採價值，察爾汗鉀鹽廠已成為中國重要化工原料基地。盆地內儲油構造廣佈，西部有重要油氣聚集帶。錫鐵山鉛鋅礦是中國目前已知最大鉛鋅礦之一。

柴達木盆地交通事業已初具規模，青藏鐵路 2006 年全線通車，公路初步成網。出現了格爾木市、冷湖鎮、大柴旦鎮和茫崖鎮等一批城鎮。

四川盆地

打開中國地圖，西南地區有一個近乎完美的盆狀綠地，這就是著名的四川盆地。行政區劃的四川盆地，包括四川省東部和重

慶市西部；而自然地理上的四川盆地，由幾大山系共同拱衞，形成了這個典型的、富庶的紅層盆地。

四川盆地，位於四川中東部，四周為海拔 2000—3000 米的山脈和高原所環繞，北面是大巴山、米倉山、龍門山，西面是青藏高原邊緣的邛崍山、大涼山，南面是大婁山，東面是巫山，總面積約 26 萬多平方千米。

億萬年前，四川盆地就是一個名副其實的大水盆，經歷了海洋—湖盆—陸地盆地三個發展階段。中生代三疊紀時期，揚子、羌塘地塊向北拼合，現今川陝等區域在乾旱氣候環境下，出現大規模的鹹化海上揚子蒸發海，規模達到 50 萬平方千米。而後，地球發生了強烈地殼運動「印支運動」，四川盆地的邊緣逐步隆起成山，四川盆地地域整體抬升，盆沿被圍了起來，海水淹沒的地區逐步上升成陸地，海盆轉為了湖盆，稱為「巴蜀湖」，今天四川省的大部和重慶市的大部都處於這個湖中。後來，隨着青藏高原的隆升，四川盆地隨之抬升，湖盆逐漸縮小，在盆地內沉積了厚達數千米的紅色岩石，形成如今的模樣。四川盆地因而被稱為「紅色盆地」，厚厚疊加的紅層，構成了四川盆地的物質基礎。如今，從東部的重慶到西部的成都，不管是丘陵還是山區，隨處都可以見到紅色的岩石。

在地質運動中，四川盆地構成了一個菱形盆地，廣元、雅安、敍永、雲陽為菱形的四頂點，東西兩邊稍長，為 380—430 千米，南北兩邊略短，為 310—330 千米，這個菱形四頂點的連線，與盆地內 650—750 米的等高線大體相當，盆地底部與邊緣山地也以此為分界。

四川盆地可明顯分為邊緣山地和盆地底部兩大部分。邊緣山

地，面積約為十萬平方千米，多中山和低山，從下而上一般具有2─5個垂直自然分帶。盆地底部，面積約為 16 萬平方千米，又可以龍泉山和華鎣山為界，分為成都平原、川中丘陵和川東平行嶺谷三部分。

四川盆地山地平均海拔在 1000 米─3000 米之間。盆底地勢低矮，平均海拔 200 米─750 米。盆地西部地勢低平，土質肥沃，西北部成都附近建有都江堰水利工程；盆地東部為低山丘陵；盆地中部為方山丘陵，佔總面積的 62%，主要由紫紅色砂岩、葉岩組專成。盆地內還蘊藏煤、石油、天然氣以及鹽、磷灰石、硫磺等礦產。

四川盆地屬於中亞熱帶季風氣候，自然條件優越，土地肥沃，物產豐富，經濟發達，集中了川渝地區大多數人口、城市，是中國人口密度最高的區域之一。

四川盆地是西南、乃至西部地區的經濟中心，主要城市有重慶直轄市和四川省的成都、自貢、瀘州、德陽、綿陽、廣元、遂寧、內江、樂山、宜賓、南充、廣安、達州、雅安、巴中、眉山、資陽等城市。

第七章

江河湖泊

狂草與明鏡

激越的江河，好比書寫在中國大地上的狂草書法。寧靜的湖泊，倒映着高天雲彩的面面明鏡。

河流，陸地表面上經常或間歇、有水流動的線形天然水道。河流在中國的稱謂很多，較大的稱江、河、川、水，較小的稱溪、澗、溝、曲等。

滔滔江河入海流。黃河、長江統領眾多水系自西而東、浩浩蕩蕩，奔流入海，成為中華民族與中國文化的象徵。中國江河眾多，許多大河源遠流長，大小河流數以千計，總長度超過 42 萬千米，主要河流 2000 餘條。通常把流入海洋的河流稱為外流河，補給外流河的流域範圍稱為外流流域，中國外流流域面積佔全國面積的 63.76%。流入內陸湖泊或消失於沙漠之中的河稱為內流河，內流河全部集中在西部和北部的內陸區域。每條河流都有河源和河口。

如果說，江河是文明的源頭；那麼，橋樑就是文明的標點。在春秋戰國時期齊國的京城山東臨淄的考古挖掘中，發現了樑橋的遺址和橋台遺跡，兩處橋樑的跨徑均在八米左右。北魏酈道元

《水經注》記錄了在山西汾水上有一座始建於春秋時期晉平公時的木柱木樑橋，橋下有 30 根柱子，每根柱子直徑五尺。秦漢時期，在咸陽一帶的渭河上架起著名的多跨木樑木柱橋渭河三橋，中渭橋建於秦國時期，東渭橋建於漢景帝前元五年（公元前 152 年），西渭橋建於漢武帝建元三年（公元前 138 年，唐代起此橋稱咸陽橋）。由匠師李春設計建造的趙州橋，建於隋朝年間（595－605 年），是世界上現存年代最久遠、跨度最大、保存最完整的單孔坦弧敞肩石拱橋。唐朝天下著名的石樑橋有河南洛陽的天津橋、永濟橋和中橋。宋朝興建了福建泉州瀕臨海灣的大石樑橋萬安橋即洛陽橋、古長橋安平橋、寧海橋、虎渡橋；永春通仙橋為長廊屋蓋樑式橋，在木樑橋中最富盛名。廣西三江侗族自治縣興建於 1916 年的程陽永濟橋，為風雨廊橋的代表作。

中國的湖泊數量眾多，遍佈全國的湖泊，面積超過 100 平方千米的就有 130 多個。但中國的湖泊在地區分佈上很不均勻，在長江中下游地區，分佈着最大的淡水湖羣。西部的青藏高原湖泊較為集中，多為內陸鹹水湖。

在時間的縱軸上，由於水資源和耕地資源長期短缺，中國江河佈局雖未發生根本性變化，但星羅棋佈的湖泊風光已難再現。過去兩千年中，黃河河道歷經六次大改道，已演變為地上懸河，其下游 130 餘個湖泊逐步消失，僅存東平湖、洪澤湖、南四湖。長江河道因長期泥沙沉積，導致河曲發育、江心洲增加、下游湖泊大面積萎縮。歷史上江漢平原的雲夢澤，面積最大時曾達四萬平方千米，戰國時期已減縮到荊江三角洲和城陵磯至武漢長江西側氾濫平原之間，至唐宋時已被眾多湖沼代替；明清時期一度在湖沼上發育出方圓二百餘里的洪湖，但至 20 世紀末，又退化

成 200 多個淺小湖泊。洞庭湖在秦漢時期面積超過 6000 平方千米，北魏時期面積一度下降，唐宋時期再度擴張，號稱「八百里洞庭」，明清時期湖面繼續擴展，至 1937 年下降到 4700 平方千米，到 20 世紀 90 年代下降至 2500 平方千米。鄱陽湖形成於西漢後期，興盛於唐宋時期，至清初達到鼎盛時期，清代以後逐漸萎縮，1954 年洪水湖面 5050 平方千米，1976 年縮小至 3841 平方千米。

長江

唐代大詩人杜甫的《登高》詩云：「風急天高猿嘯哀，渚清沙白鳥飛回。無邊落木蕭蕭下，不盡長江滾滾來。」

長江，亞洲第一長河和世界第三長河，全長 6387 千米，是世界上完全流淌在一個國家境內的最長的河流。長江發源於「世界屋脊」——青藏高原的唐古拉山脈各拉丹冬峰西南側，從西至東，浩浩蕩蕩，越過高山，穿過峽谷，流過平原，在東南的崇明島注入東海。長江幹流流經青海、四川、西藏、雲南、重慶、湖北、湖南、江西、安徽、江蘇和上海等 11 個省級行政區，流域面積達 180 萬平方千米，約佔中國陸地總面積的 1/5。長江是中國水量最豐富的河流，水資源總量 9616 億立方米，約佔全國河流徑流總量的 36%，居世界第三位。

長江發源地位於青海，由北源楚瑪爾河、南河當曲和正源沱沱河組成，是一個寬闊的地理單元，包括崑崙山至唐古拉山間的廣闊地域。當曲口以下至青海玉樹巴塘河口一段，稱通天河，全

長 815 千米，水勢平緩，河谷寬闊，多沼澤，草灘密茂，兩岸雪峰聳立，景色宜人，是長江流域重要的畜牧區。巴壙河口至四川宜賓岷江口一段，稱金沙江，全長 2308 千米，因產黃金而得名。金沙江山高谷深，水流湍急，水面比降大，總落差約 3000 米。金沙江險峻的虎跳峽，河段長 16 千米，水面落差達 200 米。四川宜賓的岷江至長江吳淞口一段，全長 2803 千米，其中宜賓至湖北宜昌全長 1030 千米，又稱川江。湖北的枝江至湖南的城陵磯一段，全長 340 千米，又稱荊江。江蘇以下江段又稱揚子江。長江江陰以下河段，江面逐步開闊，向入海口呈喇形狀開展，江陰附近長江水面寬僅一千米，而到入海口附近時，江面寬達 80 千米。

距今六千年以前，長江大致是在揚州、鎮江一帶入海，由於江面寬闊，坡度平緩，江流海潮交會，大量泥砂因流速緩慢和海水鹽分凝聚而堆積，懸浮在江口內外的黏土、粉砂和細砂等日益向下沉澱，河底的泥沙顆粒年年向外推動，經年累月，發育出了長江三角洲。江口的崇明島，就是由長江泥砂堆集而成。崇明島的出現，距今只有一千多年的歷史，崇明島南端的黃浦江，是長江的最後一條支流。

兩千來，長江水系長期泥沙沉積導致河曲發育、江心洲增加、中下游湖泊大面積萎縮，江漢平原的大湖雲夢澤消失了，穿越高山峽谷的長江上游河道相對穩定，宜昌以下中下游河段變化較大，河曲發育、江心洲增加、下游湖泊萎縮。秦漢時期，宜昌以下荊江河段開始出現分流水道；魏晉南北朝至唐宋時，形成統一河牀；此後，河牀抬高，洪水時有氾濫；至明末清初時，自由河曲已高度發育，形成今天葫蘆形的九曲迴腸。秦漢以前，荊江以下河段鮮有江心洲，至 20 世紀中期，已有大

小江心洲 120 餘個。水系的變化，導致長江流域水災頻率加大，據統計，唐代平均 18 年一次，明清平均四年左右一次，20 世紀平均兩年一次。

長江三峽，長江幹流上瞿塘峽、巫峽和西陵峽三段峽谷的總稱，西起重慶奉節的白帝城，東至湖北宜昌的南津關，全長 193 千米，沿途兩岸奇峰陡立，峭壁對峙，風光旖旎，是長江最為奇秀壯麗的山水畫廊。瞿塘峽又名夔峽，全長八千米，西起奉節白帝山，東迄巫山大溪鎮，以「夔門天下雄」著稱。巫峽位於重慶巫山和湖北巴東境內，全長 46 千米，列於南北兩岸的巫山十二峰，是三峽著名景觀。西陵峽西起秭歸香溪口，東至宜昌南津關，全長 76 千米，歷史上以航道曲折、怪石林立、灘多水急、行舟驚險而聞名。中華人民共和國成立以後，經過對川江航道的多年治理和葛洲壩水利工程建成，西陵峽段水勢已趨於平緩。

長江三峽水利樞紐工程，世界上最大的水利樞紐工程，位於西陵峽中段的湖北宜昌境內的三斗坪，長江三峽工程 1994 年正式動工興建，2003 年 6 月 1 日開始蓄水發電，2009 年全部完工。三峽工程主要具有防洪、發電和航運三大功能。三峽大壩為混凝土重力壩，壩頂總長 3035 米，壩頂高程 185 米，正常蓄水位 175 米，總庫容 393 億立方米，其中防洪庫容 221.5 億立方米。三峽建壩後，能控制百年一遇洪水，確保中下游安全。遇千年一遇洪水，配合分洪區分洪，可避免發生毀壩的危害。三峽工程建成後，三峽和葛洲壩的水電站年均總發電量將達 1050 億度，長江航道將平均擴寬至 1100 米，可通過萬噸級船隊，航運成本可降低 37%，年單向航運能力將超 5000 萬噸。

黃河

「君不見，黃河之水天上來，奔流到海不復回。」這是中國唐代大詩人李白在《將進酒》中膾炙人口的詩句。

黃河，中國第二長河，中華文明最主要的發源地，中國人的「母親河」。黃河發源於青藏高原巴顏喀拉山北麓的各姿各雅山，呈「幾」字形，流經青海、四川、甘肅、寧夏、內蒙古、陝西、山西、河南、山東九個省、自治區，最後流入渤海，幹流全長約5464千米，流域面積約75.2萬平方千米。由於中段流經黃土高原地區，夾帶了大量泥沙，所以黃河也是世界上含沙量最多的河流，河水呈黃色，因而得名。

黃河源，位於青海省果洛藏族自治州西北部瑪多縣，河源一為扎曲，二為約古宗列曲，三是卡日曲。扎曲一年之中大部分時間乾涸，卡日曲最長，以五個泉眼開始，流域面積也最大，在旱季也不乾涸，是黃河的正源。約古宗列曲，僅有一個泉眼，是一個東西長40千米，南北寬約60千米的橢圓形盆地，內有100多個小水泊。青海省瑪多縣多石峽以上稱黃河河源區，黃河河源至內蒙古托克托縣河口鎮為黃河上游，河道長3471.6千米，流域面積42.8萬平方千米。黃河自河口鎮至河南鄭州的桃花峪為中游。中游河段長1206.4千米，流域面積34.4萬平方千米，落差890米。桃花峪至黃河入海口為黃河下游，河道長785.6千米，流域面積2.3萬平方千米，落差94米。黃河下游河道橫貫華北平原，河道總面積4240平方千米，由於大量泥沙淤積，河道逐年抬高，河牀高出背河地面3—5米，部分河段如河南封丘曹崗附近高出10米，是世界上著名的「地上懸河」，絕大部分河段靠堤防約束。

黃河入海口位於渤海與萊州灣的交匯處、山東省東營市墾利區黃河口鎮境內，為 1855 年黃河決口改道而成。

　　黃河支流眾多，從河源的瑪曲曲果至入海口，沿途直接流入黃河，流域面積大於 100 平方千米的支流共 220 條，大於 1 萬平方千米的支流有 11 條，流域面積達 37 萬平方千米；面積大於 1000 平方千米的有 76 條，流域面積達 58 萬平方千米。

　　受制於漫長的史前地質作用，黃河的孕育、誕生、發展，以地殼變動產生的構造運動為外營力，以水文地理條件下本身產生的侵蝕、搬運、堆積為內營力。黃土高原的水土流失與黃河下游的泥沙堆積，在史前地質時期就在進行，史後受人類活動的影響與日俱增。根據多方面的研究，古黃河有三個發展階段，第三紀至第四紀的早更新世（距今約為 2.43 百萬年前—0.73 百萬年前）為古黃河孕育期；第四紀中更新世（距今 115 萬年—10 萬年）古黃河誕生成長期；晚更新世（距今 10 萬年—1 萬年）黃河形成海洋水系。

　　北到海河，南達江淮，是歷史上黃河下游河道變遷的大致範圍。據歷史文獻記載，黃河下游決口氾濫 1500 餘次，較大的改道有 20 多次。戰國中期至清代，黃河歷經六次大改道，水域面積下降，下游 130 多個湖泊僅存東平湖、洪澤湖、南四湖。戰國以前，黃河下游河道改徙不定，多股河道並存。戰國中期黃河下游河道兩岸築堤後，河道開始固定。戰國中期至西漢末年，黃河發生第一次改道，改從漢章武縣（今黃驊市）東入海。東漢至北宋前期（11—1047 年），黃河發生第二次大改道，洪水在魯西、豫東氾濫近 60 年，直至東漢明帝時，經王景治理，形成東漢大河，由今濱州利津入海，黃河從此安流 600 年。北宋時期（1048—

1193 年），黃河發生第三次大改道，在今濮陽市東昌湖集決口，經今海河從天津入海，後由馬頰河入海。金章宗明昌五年到明弘治初（1194—1494 年），黃河發生第四次大改道，在陽武（今河南原陽縣）決口，分為南北兩支，分別從北清河、南清河入海。明弘治中至清咸豐時期（1495—1854 年），明朝政府為保京杭大運河漕運，築斷黃陵岡河段，黃河發生第五次大改道，經淮河入海，自此，黃河幹道基本固定，泥沙逐漸沉積，演變為高出地面的懸河。清咸豐五年（1855 年），黃河在今河南蘭考附近決口，黃河發生第六次大改道，光緒元年（1875 年）在全線築堤，黃河由大清河入海，形成今天黃河下游河道。

黃河孕育了中華文明。在相當長的歷史時期，中國的政治、經濟、文化中心一直在黃河流域。早在石器時代，黃河流域就形成了中國最早的新石器文明，如藍田文明、半坡文明出現在黃河支流渭河；龍山文明出現在山東半島。6000 多年前，黃河流域內開始出現農事活動。據記載，大約在 4000 多年前，黃河流域內形成了一些血緣氏族部落，其中以炎帝、黃帝兩大部族最為強大。後來，黃帝取得盟主地位，並融合其他部族，形成「華夏族」。從公元前 21 世紀夏朝開始，在 4000 多年的歷史時期中，歷代王朝在黃河流域建都的時間延綿 3000 多年。中國歷史上的「七大古都」，建立在黃河流域和鄰近地區的有安陽、西安、洛陽、開封。中國古代科技的「四大發明」——造紙、活字印刷、指南針、火藥，都產生在黃河流域。北宋以後，中國的經濟重心逐漸向南方轉移，但是黃河流域及黃河下游平原地區，在中國政治、經濟、文化發展的進程中，仍然處於重要地位。

淮河

淮河，古稱淮水，與長江、黃河和濟水並稱「四瀆」，是中國七大河之一。淮河流域地處中國東部，介於長江和黃河流域之間，位於東經 111°55′—121°25′，北緯 30°55′—36°36′，淮河流域西起桐柏山、伏牛山，東臨黃海，南以大別山、江淮丘陵、通揚運河及如泰運河南堤與長江分界，北以黃河南堤和泰山為界與黃河流域毗鄰，地跨河南、安徽、江蘇和山東四省，全長約為 1000 千米，流域面積 274657 平方千米。

淮河發源於河南省南陽市桐柏縣西部的桐柏山主峰太白頂西北側河谷，幹流流經河南、安徽、江蘇三省，於江蘇揚州三江營注入長江。淮河流域由淮河與泗、沂、沭河兩大水系組成，淮河水系面積為 19 萬平方千米，泗、沂、沭河水系面積為八萬平方千米。淮河全流域除西、南和東北部為山地丘陵區、面積大約佔 1/3 外，其餘都為廣闊平原。

歷史上，黃河曾屢屢侵犯淮河。發生於 1194 年的黃河全面侵佔淮河中下游河道事件，結束了淮河兩岸富足豐饒的黃金時代。1951 年以後，淮河流域三次興修大規模水利工程，使得淮河重新獲得直接入海通道，淮河水系漸漸趨於穩定。

淮河是地理意義上中國南北方的一條自然分界線。中國 1 月 0℃等溫線和 800 毫米年均等降水線，大致沿淮河—秦嶺一線分佈。淮河流域地處中國南北氣候過渡帶，淮河以北屬暖溫帶半濕潤區；淮河以南屬北亞熱帶濕潤區，氣候溫和，年平均氣溫為 11—16℃。

淮河流域地處中原，跨越河南、安徽、江蘇、山東四省，

流域內的重要城市有鄭州、開封、平頂山、許昌、漯河、信陽、淮南、淮北、蚌埠、徐州、淮陰、揚州、連雲港、兗州、濟寧和棗莊等。淮河流域自古是中國文化、經濟發達地區，又為兵家必爭之地。淮河流域的經濟作物，以棉花、花生、油菜、煙葉等為大宗。淮河流域內煤炭資源豐富，是中國重點產煤地區。淮河流域內津浦、京廣、隴海、淮南、阜淮、濉阜、符夾等鐵路交織其間，縱橫交錯的公路網遍及全流域，內河航道以京杭運河和淮河幹流為骨幹，較大支流和下游水網地區都能通航。

珠江

　　珠江，又名粵江，因流經海珠島而得名，是東、西、北三江及下游三角洲諸河的總稱。珠江流域位於北緯 21°31′—26°49′、東經 102°14′—115°53′之間。珠江流域北起南嶺，南至雲霧、雲開、六萬大山、十萬大山等山脈；東起蓮花山，西至烏蒙山山脈。流域面積 453690 平方千米，其中在國內部分為 44.21 萬平方千米，佔全國總面積 4.6%。珠江長度和流域面積居中國第四位。

　　珠江是由西江、北江、東江及珠江三角洲諸河匯聚而成的複合水系，發源於雲貴高原烏蒙山繫馬雄山，流經雲南、貴州、廣西、廣東、湖南、江西六個省（自治區）和越南北部，支流眾多，水道紛紜，在下游三角洲漫流成網河區，經由分佈在廣東境內的虎門、蕉門、洪奇門（瀝）、橫門、磨刀門、雞啼門、虎跳門和崖門八大口門流入南海。

西江，珠江水系的最大幹流，發源於雲南省沾益區馬雄山北東麓，該地也是珠江的源頭。幹流流經雲南、貴州、廣西、廣東四個省（自治區），至廣東省磨刀門水道企人石注入南海，全長2214千米，河道平均坡降0.45‰。思賢滘以上集水面積約353120平方千米。在廣西象州縣石龍三江口以上為西江上游，三江口至梧州市為西江中游，梧州至廣東省三水縣思賢滘為西江下游，思賢滘至磨刀門企人石為河口段。

北江，發源於江西省信豐縣石碣大茅山，主流流經廣東省南雄縣、始興縣、曲江縣至韶關市，再折向南流經英德市、清遠縣至三水縣思賢滘，與西江相通後匯入珠江三角洲，於廣州市番禺區黃閣鎮小虎山島淹尾出珠江口。北江幹流長573千米，平均坡降0.7‰，集水面積52068平方千米，佔珠江流域總面積的10.3%；北江流域部分跨入湖南、江西兩省。

東江，長562千米，平均年徑流量257億立方米。東江發源於江西省尋鄔縣丫髻鉢，向西南流經廣東省龍川縣、河源市、紫金縣、惠陽縣、博羅縣至東莞市石龍鎮進入珠江三角洲，於增城市禺東聯圍東南匯入獅子洋。東江集水面積35340平方千米，佔珠江流域總面積5.96%，約佔廣東境內珠江流域面積的24.3%。

珠江三角洲河道呈網狀，河汊縱橫互相溝通，在經過聯圍治理之後，現河網區水道總長仍達1600千米以上，最後經八大口門注入南海。珠江三角洲在西江、北江思賢以下、東江石龍以下網河水系，以及入注三角洲其他諸河，主要有高明河、沙坪水、潭江、流溪河、沙河、西福河、增江、雅瑤河、南崗河及獨流入河口灣的茅洲河、深圳河等，集水面積為26820平方千米，佔珠江流域總面積的5.91%，佔廣東境內珠江流域面積的24.1%。

雅魯藏布江

雅魯藏布江，位於西藏自治區，是中國最長的高原河流，也是世界上海拔最高的大河之一。雅魯藏布江全長 2104 千米，西藏境內長 2057 千米，總落差 5435 米，平均坡降位居中國境內各大河流之首。

雅魯藏布江發源於西藏西南部喜馬拉雅山北麓的傑馬央宗冰川，上游稱為馬泉河，自西向東橫貫西藏南部；流經米林後，於墨脫以北切穿喜馬拉雅山，繞過喜馬拉雅山脈最東端的南迦巴瓦峰轉向南流，形成世界第一大峽 —— 雅魯藏布大峽；之後經過藏南地區之後進入印度阿薩姆邦，改稱布拉馬普特拉河；流經孟加拉國後，改稱賈木納河，在其境內與恆河相匯後，注入印度洋的孟加拉灣。

雅魯藏布江流域呈東西向狹長形，東西最大長度 1450 餘千米，南北最大寬度 290 千米，平均海拔約 4500 米。地勢西高東低，東南部最低。流域總面積 240480 平方千米，佔西藏所有水系流域總面積的 20%，約佔西藏外流河水系總面積的 40.8%，居中國各河流流域面積第五位。

雅魯藏布江的南面，聳立着世界上最高、最年輕的喜馬拉雅山系；雅魯藏布江的北面，為岡底斯山脈和念青唐古拉山脈。南北之間的藏南谷地，是東西走向的寬闊低緩地帶，雅魯藏布江靜靜地流淌其間。雅魯藏布江流域東西狹長，南北窄短。東西最大長度約 1500 千米，而南北最大寬度只有 290 千米。

雅魯藏布江河源區海拔 5590 米，由傑馬央宗曲和庫比藏布兩河兩條河曲組成，傑馬央宗曲為正源。在兩河源頭，有傑馬央宗

冰川、夏布嘎冰川、昂若冰川、阿色甲果冰川等，構成巨大的固體水庫，由於冰川退縮成大面積冰磧物，谷地呈淺「U」形。

從傑馬央宗冰川的末端至里孜，為雅魯藏布江上游段，河長268千米，集水面積265700平方千米，河谷寬達1—10公千米。桑木張以下河段稱馬泉河，平均海拔5200米以上，馬泉河流域基本上都是牧區。在帕羊以下河谷兩側，是由高蒿草組成的沼澤化草甸景觀，是優良的冬春牧場。從里孜到派鎮為雅魯藏布江中游段，河長1293千米，集水面積163951平方千米，兩岸支流眾多。中游河段呈寬窄相間的串珠狀，海拔已降到4500米以下。雅魯藏布江中游流域，集中了雅魯藏布江的幾條主要支流，如拉喀藏布、年楚河、拉薩河、尼洋河等。西藏的重要城鎮如首府拉薩、第二大城市日喀則、江孜、林芝八一鎮、山南重鎮澤當等，都坐落在雅魯藏布江流域一些支流的中、下游河谷平原上，成為西藏工農業、貿易、政治文化和交通中心。派鎮到巴昔卡附近，為雅魯藏布江下游段，河長496千米，集水面積49959平方千米。

雅魯藏布大峽，地球上最長、最深的峽谷。據國家測繪局公佈的數據，雅魯藏布大峽北起米林縣派鎮大渡卡村，經排龍鄉的雅魯藏布江大拐彎，南至墨脫縣巴昔卡村，全長504.6千米，最深處6009米，平均深度2268米，是世界第一大峽。雅魯藏布江大峽核心無人區河段的峽谷河牀上，有罕見的四處大瀑布羣，其中一些主體瀑布落差在30—50米。雅魯藏布大峽具有從高山冰雪帶到低河谷熱帶雨林等九個垂直自然帶，匯集了多種生物資源，其中包括青藏高原已知高等植物種類的2/3，已知哺乳動物的1/2，已知昆蟲的4/5。

青海湖

青海湖，位於中國青海省內青藏高原的東北部，東經99°36′—100°16′之間，北緯36°32′—37°15′之間，湖面海拔為3260米，是中國最大的湖泊，也是中國面積最大的鹹水湖、內流湖。青海湖湖面長105千米，寬63千米，東西長，南北窄，略呈橢圓形，2021年9月底，青海湖面積為4625.6平方千米，環湖周長360多千米，平均水深約21米多，最大水深為32.8米，蓄水量達1050億立方米，湖區有大小河流近30條。

青海湖的四周，被四座巍巍高山所環抱，北面是大通山，東面是日月山，南面是青海南山，西面是橡皮山。這四座大山都在海拔3600—5000米之間。青海湖東岸有兩個子湖，一個是尕海，面積48平方千米，係鹹水湖。一個耳海，面積八平方千米，為淡水湖。

距今20—200萬年前的青海湖成湖初期，青海湖是一個大淡水湖泊，與黃河水系相通，那時氣候溫和多雨，湖水通過東南部的倒淌河泄入黃河，是一個外流湖。到13萬年前，由於新構造運動，青海湖周圍山地強烈隆起。上新世（距今530萬年—距今258.8萬年）末期，青海湖東部的日月山、野牛山迅速上升隆起，原來注入黃河的倒淌河被堵塞，迫使其由東向西流入青海湖，出現了尕海、耳海，後又分離出海晏湖、沙島湖等子湖。由於外泄通道堵塞，青海湖遂演變成了閉塞湖。加上氣候變乾，青海湖也由淡水湖逐漸變成鹹水湖。

青海湖呈橢圓形，周長300餘千米，多年來，湖水面積不斷波動。在北魏時，青海湖的周長號稱千里，唐代為400千米，清乾隆時減為350千米。20世紀50年代的測繪資料顯示，那時青海

湖的湖水面積為 4568 多平方千米。20 世紀 70 年代，青海湖面積為 4473 平方千米。1988 年，青海湖面積為 4282 平方千米。2000 年，通過遙感衞星數據分析，青海湖的面積是 4256.04 多平方千米。2013 年 8 月，青海湖湖區面積為 4337.48 平方千米，湖水容積 739 億立方米，最長約 104 千米，最寬約 62 千米，最大水深 31.4 米，湖水平均礦化度 12.32 克 / 升，含鹽量 1.25%。2017 年 8 月，青海湖面積為 4435.69 平方千米。2020 年，青海湖面積為 4543 平方千米。2021 年 9 月底，青海湖面積為 4625.6 平方千米，達到 2004 年以來最大值。

青海湖為高原大陸性氣候，光照充足，日照強烈，冬寒夏涼，暖季短暫，冷季漫長，春季多大風和沙暴，雨量偏少，雨熱同季，乾濕季分明。

青海湖湖區的鳥禽有 163 種，總數在 16 万隻以上，其中斑頭雁 2.13 餘万隻、棕頭鷗 4.5 萬餘隻、魚鷗 8.74 萬餘隻、鸕鶿 1.12 萬餘隻。此外，還有鳳頭潛鴨、赤麻鴨、普通秋沙鴨、鵲鴨、白眼鴨、斑嘴鴨、針尾鴨、大天鵝、蓑羽鶴、黑頸鶴等。青海湖中盛產全國五大名魚之一 —— 青海裸鯉（俗稱湟魚）和硬刺條鰍、隆頭條鰍。

鄱陽湖

鄱陽湖，古稱彭蠡、彭蠡澤、彭澤，位於江西省北部，地處九江、南昌、上饒三市，是中國第一大淡水湖，也是中國第二大湖。鄱陽湖是長江中下游主要支流之一，長江流域的一個過水

性、吞吐型、季節性湖泊，在平水位（14 米—15 米）時湖水面積為 3150 平方千米，高水位（20 米）時為 4125 平方千米以上，低水位（12 米）時為 500 平方千米。鄱陽湖主要由贛江、修河、信江、饒河、撫河等水源供給，自南向北在江西省九江市湖口縣石鍾山附近匯入長江。

鄱陽湖的湖盆由地殼陷落、不斷淤積而成。在中生代（2.51 億年前—6500 萬年前），受燕山運動（1.34 億年前—7000 萬年前）的影響，這裏下陷成為盆地，盆地範圍廣及今江西北部、湖北黃梅地區和安徽宿松、望江一帶。至一萬年前的最近一次亞冰期結束時，斷塊上升的「廬山」聳峙盆地之緣，而盆地內則河道縱橫，池塘密佈。此後由於冰後期的海侵，整個盆地變成泱泱大湖，並成為長江的寬闊河段。三國時期，彭澤分為南北兩湖，長江從兩湖之間的地峽上流過。後來北湖演化為鄂皖交界的龍感湖、安徽境內的大官湖和泊湖。南湖則逐漸南侵，至南朝時湖水直抵新建樵舍附近，使漢初設置的鄡陽縣大部分和海昏縣一部分被淹沒。隋時因湖水逼近鄱陽山（原名力士山）而名鄱陽湖。自唐初至明初，鄱陽湖湖水逐漸北撤，明清時又南侵。此時鄱陽湖湖形似葫蘆，北段別稱落星湖、左蠡湖；南段別稱官亭湖、族亭湖。近代，由於淤積和圍墾等原因，鄱陽湖湖面日益縮小，到 20 世紀末，湖形已不像葫蘆，而像一隻昂首欲飛的天鵝。

鄱陽湖通常以都昌和吳城間的松門山為界，分為南北兩湖。

松門山西北為北湖，或稱西鄱湖，北部湖區為鄱陽湖入長江水道，長 65 千米，寬 3—14 千米，最窄處約 2.8 千米，約佔鄱陽湖總面積的 1/5，流域面積大於 200 平方千米的直接入湖河流 2 條。湖區都昌、星子、湖口一帶為低山丘陵，岸多岩壁，底質大

多是石礫、細沙和粉沙。經鄱陽湖調節，贛江等河流的洪峰可減弱 15—30%，減輕了長江洪峰對沿岸的威脅。

松門山東南為南湖，或稱東鄱湖，湖面遼闊，是湖區主體，長 133 千米，最寬處達 74 千米。平水位時湖面高於長江水面，湖水北泄長江。南部湖區為鄱陽湖的主體，約佔湖泊總面積的 4/5。除匯納贛、撫、信、饒、修五大河流來水外，環湖區流域面積大於 200 平方千米的直接入湖河流有四條。

洞庭湖

洞庭湖，中國第三大湖，也是中國第二大淡水湖，位於中國湖南省北部，長江荊江河段以南，跨岳陽、汨羅、湘陰、望城、益陽、沅江、漢壽、常德、津市、安鄉和南縣等縣市，面積 2625 平方千米，湖盆周長為 803.2 千米，總容積 220 億立方米，其中天然湖泊容積 178 億立方米，河道容積 42 億立方米。

洞庭湖之名，始於春秋戰國時期，因湖中洞庭山（即今君山）而得名。史載，洞庭湖原為古雲夢澤的一部分，當時的雲夢澤橫亙於湘鄂兩省間，面積曾達四萬平方千米，曾號稱「八百里洞庭」，那時為華夏第一大淡水湖。

洞庭湖區在中生代（2.51 億年前—6500 萬年前）的燕山運動（1.34 億年前—7000 萬年前）中，形成大小不一的盆地，西北部接受海陸交替沉降，東南部則長期隆起，喜馬拉雅運動（距今 7000 萬年—300 萬年）使第三紀岩層發生斷裂、拗陷，盆地擴大。此時，湘江、資、沅、澧四水形成，流注湖盆，形成湖泊羣。洞庭

湖湖盆的擴大在早更新世（距今約為 2.43 百萬年以前─0.73 百萬年以前）至中更新世（77.4 萬年前─12.9 萬年前），湖盆區域的地殼運動以下降為主，湖盆擴大，但湖水不深，屬斷陷式淺水型湖泊。450－524 年，荊江太平、調弦兩口潰決，長江水進入洞庭湖平原，開始干擾洞庭湖水系，迫使洞庭湖與青草湖相連，湖泊擴大到五百里。唐宋時期，隨着荊江北岸「雲夢澤」的消亡，洞庭湖繼續擴大，南連青草湖後，又西吞赤沙湖（今南縣附近），橫亘七八百里，成為汪洋浩渺的八百里洞庭。1852 年起，隨着藕池、松滋兩口的出現，荊江四口分流局面形成。約佔荊江 45% 的泥沙，經由四口排入洞庭湖，加速了洞庭湖的淤積。由於洲土發育快，人工圍墾日盛，洞庭湖湖盆開始逐漸萎縮。經過 100 年時間的演變，洞庭湖由全盛時期的 6000 平方千米縮至今日的 2625 平方千米。

洞庭湖是長江流域重要的調蓄湖泊，具備強大蓄洪能力，曾使長江無數次的洪患化險為夷，江漢平原和武漢三鎮得以安全渡汛。

洞庭湖是中國傳統農業發祥地，是著名的魚米之鄉，湖南省乃至全國重要的商品糧油基地、水產和養殖基地。

洞庭湖是歷史上重要的戰略要地、中國傳統文化發源地，湖區名勝繁多，以岳陽樓為代表的歷史勝跡是重要的旅遊文化資源。

太湖

太湖，位於長江三角洲的南緣，古稱震澤、具區，又名五湖、笠澤，橫跨江蘇、浙江兩省，是中國五大淡水湖之一。太湖

界在北緯 30° 55 ′40″ — 31° 32 ′58″ 和東經 119° 52 ′32″ — 120° 36 ′10″ 之間，北臨江蘇無錫，南瀕浙江湖州，西依江蘇常州、江蘇宜興，東近江蘇蘇州。太湖湖泊面積 2427.8 平方千米，水域面積為 2338.1 平方千米，湖岸線全長 393.2 千米。西側和西南側為丘陵山地，東側以平原及水網為主。

太湖湖面形似西突的新月，西南部湖岸平滑呈圓弧形，東北部湖岸曲折多湖灣、山甲角。太湖湖泊長 68 千米，最大寬度 56 千米。因泥沙淤積和人工圍墾，太湖的一些島嶼分別與東、西庭山連體，近岸的則與湖岸相連成半島，現尚存大小島嶼 48 座，其中西洞庭山的面積最大，為 75 平方千米。

太湖地處亞熱帶，氣候溫和濕潤，屬季風氣候。太湖流域河港縱橫，河口眾多，有主要進出河流 50 餘條。太湖水系呈由西向東泄瀉之勢，平均年出湖徑流量為 75 億立方米，蓄水量為 44 億立方米。

在距今兩萬至 1.5 萬年時，海水東退，古太湖海灣消亡，太湖地區與東海大陸架相連，成為廣袤的古長江三角洲沖積平原，平原植被為溫帶草原或疏林草原。全新世中期（距今 7500 — 2500 年），隨着氣候轉暖，海面回升到今海平面附近。由於長江和錢塘江沙嘴的形成，太湖平原成為大型集水窪地。西部山區原向東北注入長江的荊溪和東流入海的苕溪等，因河流下游被淹，比降減少，入海河道宣泄不暢，河泥沙淤積嚴重，而改道匯集於這碟形窪地中。海潮倒灌及平原地下水位抬升，致使低窪地積水沼澤化，形成分散的小型湖泊羣。各個小湖泊面積逐漸擴大，匯成了大湖。加上後來東岸出湖河道漸趨淤塞，湖水蓄積量的增加及湖中風浪潮流對湖岸的侵蝕，湖面面積進一步擴大，成為現今的太湖。

春秋戰國以前，太湖地區原是陸地的沖積平原，唐代時期湖水可達吳江塘岸。洞庭東山和西山原為湖中兩大島嶼，後因東山與木瀆間泥沙淤積，灘地擴展，至清代中期，島與沙洲相接，使東太湖成為太湖的一大湖灣。近一二百年來，因東太湖東岸和西北岸淤積加甚，加之圍墾湖灘地，東太湖實際上已成為一個狹長見阻水嚴重的淺涸湖區。20 世紀 60、70 年代，太湖及其周圍湖羣，因圍湖種植和圍湖養殖，湖泊面積減少 13.6%，消失或基本消失的湖蕩有 165 個，合計面積 161 平方千米。其中以太湖、隔湖最為突出，太湖西北的馬跡山島因圍湖造田已與陸地相連。隔湖的北、東、南面因加速圍湖，使原有湖面大為縮小。

　　太湖物產豐饒，共有 107 種魚類，生態類型魚類主要有太湖定居性魚類，如鯉、鯽、鯿、魴、鮊、鱭和銀魚等；江海洄游性魚類，如鰻魚、鰣魚和東方魨等；江湖洄游性魚類，如草、青、鰱和鱅魚等。

第八章

森林草原

綠色交響曲

　　茂密的森林，無邊的草原，奏響綠色交響曲。

　　中國森林類型多樣，樹種資源豐富，現有喬木樹種 2000 餘種。全國喬木林株 1892.43 億株，森林蓄積 170.58 億立方米。全國森林面積中，喬木林 17988.85 萬公頃、佔 82.43%，竹林 641.16 萬公頃、佔 2.94%，特殊灌木林 3192.04 萬公頃、佔 14.63%。

　　中國喬木按重要程度排名，位居前 20 的樹種分別為杉木、白樺、馬尾松、落葉松、蒙古櫟、楊樹、山楊、雲南松、木荷、黑樺、柏木、青岡、遼東櫟、油松、五角楓、楓香、雲杉、紫椴、冷杉、尾葉桉，這 20 種林木株數合計 973.51 億株，佔全國喬木林株數的 51.44%，蓄積合計 90.46 億立方米，佔全國喬木林蓄積的 53.03%。

　　中國竹林面積 641.16 萬公頃，其中毛竹林 467.78 萬公頃，佔 72.96%；其他竹林 173.38 萬公頃，佔 27.04%。毛竹總株數 141.25 億株。

　　中國將經濟灌木林、年均降水量 400 毫米以下地區的灌木林、喬木分佈（垂直分佈）線以上的灌木林、熱帶亞熱帶岩溶地

區和乾熱（乾旱）河谷地區的灌木林劃為特殊灌木林，納入森林覆蓋率計算。全國特殊灌木林面積 3192.04 萬公頃，主要分佈在喬木樹種難以適應的西部乾旱地區、西南岩溶地區和乾熱（乾旱）河谷地區。

文獻資料顯示，歷史時期的中國森林覆蓋率，呈長期加速下降趨勢。兩千年來，中國森林面積減少，覆蓋率在前 1700 年由 50% 下降到 25.8%，在後 300 年一度下降 11.4%。周朝時，中國森林覆蓋率約在 50% 左右。秦漢以後，華北、華東、華南和四川盆地的森林被大量砍伐，至 1700 年，森林覆蓋率下降到 25.8%；至 1800 年，下降到 22.0%；至 1900 年，下降到 16.7%。20 世紀中期，中國森林面積僅為 109 萬平方千米，覆蓋率為 11.4%。在此過程中，全國各地森林覆蓋率均有明顯下降，1700—1949 年間，京津冀地區由 18% 下降到 3.2%，黑龍江由 90% 下降到 40%，浙江由 51% 下降到 39%，福建由 66.6% 下降到 48%，湖南由 61.9% 下降到 29.2%，川渝地區由 62% 下降到 20%，地處黃土高原的陝西由 25% 下降到 13%，雲貴兩省分別由 65.8% 和 38.8% 下降到 30% 和 12%。伴隨森林變化，動物栖息地亦逐步萎縮，西漢以前廣泛分佈於華北和長江流域的麋鹿數量大幅下降，至 19 世紀滅絕。曾生活在黃河下游的犀牛、獏和野生水牛等逐步滅絕，野象也由北至黃河下游退縮到今雲南西雙版納等地的熱帶雨林中。大熊貓、孔雀、水鹿、梅花鹿、揚子鰐等的分佈範圍也在歷史時期發生巨大變化。

中國改革開放 40 年以來，森林覆蓋率由 12.00% 提高到 22.96%，森林蓄積增加 85 億立方米。特別是自 20 世紀 80 年代末以來，森林面積和森林蓄積連續 30 年保持「雙增長」，成為全球

森林資源增長最多的國家。2014—2018 年開展的第九次全國森林資源清查結果顯示，中國森林資源總體上呈現數量持續增加、質量穩步提升、生態功能不斷增強的良好發展態勢。全國森林覆蓋率 22.96%，森林面積 2.2 億公頃，其中人工林面積 7954 萬公頃、繼續保持世界首位。全國森林覆蓋率超過 60% 的有福建、江西、台灣、廣西四省，50%—60% 的有浙江、海南、雲南、廣東 4 省，30%—50% 的有湖南等 11 個省，10%—30% 的有安徽等 13 個省，不足 10% 的有青海、新疆兩省（自治區）。

根據《2015 全球森林資源評估報告》分析，中國森林面積佔世界森林面積的 5.51%，居俄羅斯、巴西、加拿大、美國之後，列第五位；森林蓄積佔世界森林蓄積的 3.34%，居巴西、俄羅斯、美國、剛果民主共和國、加拿大之後，列第六位；人工林面積繼續位居世界首位。中國人均森林面積 0.16 公頃，不足世界人均森林面積的 1/3；人均森林蓄積 12.35 立方米，僅為世界人均森林蓄積的 1/6。中國森林資源總量位居世界前列，但人均佔有量少。

草原是「地球的皮膚」，中國草地以北方溫帶草原、青藏高寒草地為主體，總面積約四億公頃，佔國土面積 40% 以上，位居全球第二。由於長期過度開墾、過度放牧，草原沙化、退化現象較為嚴重。

兩千年來，中國草地面積有所下降，其中青藏高寒草地變化較小，北方溫帶草原變化較大。統計數據顯示，西藏現有各類天然草地 0.83 億公頃，佔西藏土地總面積 72% 以上，耕地面積 33.3 萬公頃，佔西藏土地總面積 0.31%。青海境內擁有天然草地 3645 萬公頃，佔土地面積 50%，耕地面積 58.8 萬公頃，佔土地面積

0.82%。這說明歷史上青藏高原的高寒草地並未被大面積開墾。北方溫帶草原面積下降較為明顯，統計資料顯示，1949 年新疆耕地面積約為 120.9 萬公頃。按 1985 年調查獲得的新疆草地資源面積 5725.88 萬公頃計算，耕地面積約佔新疆草地資源總面積 2%，2010 年這一比例上升到 8%。內蒙古自治區 1949 年耕地面積為 433.1 萬公頃，草地資源面積約 8800 萬公頃，耕地面積佔草地資源面積的 4.9%，2010 年後上升到 10% 以上。遼金時期，東北地區的草地在西遼河上游曾被大面積墾殖。清中葉以後，原已恢復的草原植被再度被大面積開墾，至 2002 年，此地區 38% 的草地被開墾為耕地。草原植被破壞導致普氏野馬、藏原羚、普氏原羚和賽加羚等動物逐步消失。

東北林區

　　東北林區，中國最大的天然林區，主要分佈在大、小興安嶺和長白山一帶，森林資源以中溫帶針葉—落葉闊葉混交林為主。據近年統計資料，東北林區共有森林面積 6.8 億畝，佔全國森林總面積的 37%；木材蓄積量達 32 億立方米，佔全國木材總蓄積量的1/3；其中黑龍江省有 24 億立方米，佔全國木材蓄積量的 1/4；吉林省木材蓄積量 7 億立方米，遼寧省木材蓄積量 1 億立方米。

　　東北林區由於地理位置的不同，大體可以分為三處，即大興安嶺、小興安嶺和長白山林區。

　　大興安嶺是中國東北部的著名山脈，也是中國最重要的林業基地之一。大興安嶺林區位於黑龍江省西北部和內蒙古東北部，

北起黑龍江畔，南至西林木河上游谷地，西接呼倫貝爾草原，東鄰小興安嶺。林區全長 1200 多千米，寬 200—300 千米，海拔 1100—1400 米，是中國面積最大的林區。

大興安嶺東南坡比較陡峭，西北坡向內蒙古高原和緩傾斜。經過長期侵蝕，山頂渾圓，以海拔 2029 米的黃崗梁為最高點。大興安嶺東南坡夏季受海洋季風影響，雨水較多；西北坡卻比較乾旱，成為森林和草原的分界線。大興安嶺北部，漫山遍野都是密密層層、遮天蔽日的原始森林。林帶北寬南窄，跨七個緯度，面積約 25 萬平方千米，森林覆蓋率約為 62%，木材蓄積量佔全國總蓄積量的 1/6。主要樹種有興安落葉松、樟子松、紅松、白樺、椴樹、胡桃楸、水曲柳、柞樹等。其中興安落葉松佔大興安嶺林區面積的 86.1%，樹種總量佔大興安嶺樹種總量的 72%，每公頃平均蓄積量為 120 餘立方米，是全林區面積最大、數量最多的一種特產用材林。所以，大興安嶺又被稱為「興安落葉松」的故鄉。

小興安嶺，亞洲東北部興安嶺山系西北—東南走向山脈之一，是松花江以北的山地總稱。小興安嶺位於黑龍江省伊春市烏伊嶺區中北部，西與大興安嶺對峙，又稱「東興安嶺」，亦名「布倫山」。小興安嶺山脈西北接大興安嶺支脈伊勒呼里山，東南到松花江畔張廣才嶺北端，是黑龍江與松花江的分水嶺，南北長約 450 千米，東西寬約 210 千米，面積 77725 平方千米。

小興安嶺北部多台地、寬谷；中部低山丘陵，山勢和緩；南部屬低山，山勢較陡。最高峰為平頂山，海拔 1429 米。小興安嶺地區是中國重點用材林基地，林區面積 1206 萬公頃，其中森林面積 500 多萬公頃，林木蓄積量約 4.5 億立方米，紅松蓄積量 4300 多萬立方米，佔全國紅松總蓄積量的一半以上，素有「紅松故

鄉」的美稱。小興安嶺林區森林茂密，樹種較多，森林覆被率為72.6%，活立木總蓄積 2.4 億立方米。森林類型是以紅松為主的針闊葉混交林，主要樹種有紅松、雲杉、冷杉、興安落葉松、樟子松、水曲柳、黃菠蘿、胡桃楸、楊、椴、樺、榆等。小興安嶺林區南坡，主要是紅松為主的針葉闊葉混交林，針葉樹有紅松、魚鱗雲杉、紅皮雲杉、臭冷杉、興安落葉松及少量長白落葉松；闊葉樹有春榆、裂葉榆、白樺、黑樺、楓樺、水曲柳、黃波羅、胡桃楸、蒙古櫟、山楊以及椴樹等。小興安嶺的針葉樹蓄積量佔全林區總蓄積量的 65.1%，其面積佔全林區有林地面積的 58.5%。

長白山林區，位於吉林省東部，總面積 798 萬公頃，森林覆蓋率 77.5%，森林蓄積 8 億立方米。據調查，這裏共有高等植物1500 餘種，其中經濟價值較大的植物 800 多種。主要植被類型為溫帶針闊葉混交林，著名的地帶性樹種有紅松、落葉松、雲杉、冷杉、赤松等。

長白山林區森林植物種類較多，結構也較複雜。林區南部出現亞熱帶小喬木天女木蘭及附生植物柄石葦，林區北部和高山地帶有偃松、越橘、杜香等，林區東南端有華北區系的油松、遼東櫟、槲櫟。在長白山林區內，魚鱗雲杉、臭冷杉分佈較廣，還有古老殘留樹種紫杉。長白山林區森林中有天然野生人參等。長白山林區內大面積天然林已不多，主要分佈在邊遠山區，可劃分為 5 個森林植被型、16 個林型組、29 個林型。長白山林區的天然次生林，是天然的紅松 — 闊葉林經長期反覆破壞後，林地環境變化而形成的，主要樹種為山楊、白樺、蒙古櫟，還有胡桃楸、春榆、水曲柳等。

東北林區森林覆蓋率高，有林地所佔比例大，活立木蓄積量

大，在吸收二氧化碳、減緩氣候變暖方面具有重要作用。在中國各大林區中，東北林區面積最大、地形地勢相對平坦、人口相對較少、木材材質好，是國家儲備木材資源的戰略基地。

東北林區森林資源，大部分分佈在深山區和半山區，淺山區和平原區分佈較少或沒有分佈。東北林區珍貴樹種以及優良樹種逐漸減少，大徑材趨於破碎化、貧乏化，潛在後續資源缺乏。森林齡組結構嚴重失衡，幼中齡林面積增加，成過熟林面積減少，可採森林資源瀕臨枯竭。東北林區生態系統破壞嚴重，自然災害頻繁發生。與開發初期相比，林緣大量退縮，濕地面積減少，多年凍土退縮，土壤侵蝕加劇，地表徑流時間縮短，水土流失嚴重，局部地區沙化加劇，洪澇、乾旱、森林火災和病蟲等自然災害頻發，生態功能嚴重退化。

西南林區

西南林區是中國的第二大天然林區，主要分佈在四川、雲南和西藏三省（自治區）交界處的橫斷山區、雅魯藏布江大拐彎地區和喜馬拉雅山南坡，面積近 1.38 億畝，佔全國森林總面積 22.6%。森林覆蓋率達 20.2%，林木總蓄積量為 21.5 億立方米，約佔全國 1/4 以上，在喬木種類上和單位材積量上居全國各林區之冠。

西南林區自然條件複雜，有高大的雪峰，崎嶇的高原，深邃的縱谷。不同的地形，可以滿足不同類型的樹種生存繁殖。如川西、滇西北橫斷山區，谷底可生長季雨林和亞熱帶常綠闊葉林，

由此向上，逐漸出現山地溫帶闊葉落葉林、山地中溫帶針葉闊葉混交林、山地寒溫帶針葉林以及高山灌木林。西南林區樹種特別豐富，據不完全統計，這一林區喬木約有 2000—3000 種，其中不少都是罕見的特有樹種。主要樹種有雲南松、華山松、高山松、喬松以及喜馬拉雅雲杉、麗江雲杉、川西雲杉、喜馬拉雅冷杉、鐵杉、大果紅杉等。珍稀特有樹種有水杉、四川冷杉、雲南紅豆杉、銀杉等。此外，還有材質優良的柚木、紫檀、樟、楠、紅木等。

西南林區按位置可分為藏東南林區、川西林區和滇北林區。

藏東南林區以雅魯藏布江大拐彎為中心，向西延至工布江達、加查、朗縣一帶，向東與怒江、瀾滄江、金沙江各支流的塊狀森林斷續相連。這是西南林區的主體部分。藏東南林區由於受印度洋季風影響，氣候溫暖濕潤，非常適宜林木生長，這裏分佈着大面積的以松、杉為主的原始林，特別是藏東南波密、察隅、墨脫一帶，松樹和杉木高大參天，森林蓄積量為 14 多億立方米，木本植物達千種以上，且具有生長迅速、單位面積蓄積量高的特點，一般松杉直徑年生長量在 1 厘米以上，喬松更快，可達 2—3 厘米。雲杉林年平均生產量每公頃達 10 立方米，木材蓄積量高達 2000—3000 立方米。

川西、滇北林區，範圍包括四川省西部阿壩、甘孜藏族自治州和西昌地區的一部分，雲南北部的麗江地區和迪慶藏族自治州，以及西藏自治區東部的江達、貢覺、芒康 3 縣。地形屬青藏高原的東南邊緣部分，地勢起伏大，西部以山原為主，東部是高山峽谷區。氣候冬暖夏涼，森林的亞熱帶特性不明顯，而垂直地帶性則很突出。川西、滇北林區森林類型是以常綠針葉林帶為

主體的常綠闊葉及落葉闊葉混交林，主要樹種為松屬、雲杉屬、高山櫟類、多葉小型杜鵑及報春花科、龍膽科、虎耳草科、罌粟科、菊科等。

川西、滇北林區森林集中分佈在海拔較高、坡度較大的金沙江、雅礱江、岷江、大渡河等幾條主要河流的中上游。東部高山峽谷區的典型植被是亞高山常綠針葉林，主要樹種有岷江冷杉、紫果雲杉、鱗皮冷杉、川西雲杉、黃果冷杉等，其中岷江冷杉分佈最廣，面積最大。大雪山以西山原地區，下部多為川西雲杉純林或與鱗皮冷杉、鱗皮雲杉混交，上部多為鱗皮冷杉純林。高山松林在本區南部呈大面積分佈。川西、滇北林區內森林覆蓋率原來較大，因多年採伐已急劇下降，川西已降至 20% 以下。

川西和滇北林區均處於橫斷山地，植被垂直變化明顯。川西林區包括岷江流域、青衣江流域、大渡河流域和雅磁江流域，地形複雜、高山深谷、懸崖陡壁，林區面積為 1.1 億畝，佔全國 6%，森林植物類型很多，尤其是松杉類，種屬豐富，聞名中外，有雲杉、冷杉、族杉、油杉、馬尾松、落葉松、黃杉等，每公頃木材蓄積量平均為 174—430 立方米，活立木總蓄積量達 13.47 億立方米，佔全國 15.3%。滇北林區樹種多達 2700 種，主要樹種有麗江雲杉、冷杉、圓柏、扁柏、雲南松、華山松、紅杉等。

南方林區

南方林區（東南林區）是中國的第三大天然林區，主要包括秦嶺、淮河以南、雲貴高原以東的廣大地區。

南方林區氣候溫暖，雨量充沛，植物生長條件良好，樹木種類很多，以杉木和馬尾松為主，還有中國特有的竹木。據統計，到 2010 年，南方林區森林覆蓋率為 45.39%，人工林保存面積達 3103.26 萬平方千米，佔全國的 50.31%，建有自然保護區 975 處，佔全國的 47.91%。

南方林區主要有松杉林和常綠闊葉林及油茶、油桐等經濟林，主要樹種有馬尾松、黃山松、杉木、柳杉、柏木；多種竹類，如毛竹、淡竹、桂竹、剛竹、南部還有叢生竹；多種常綠闊葉樹，主要有樟樹、楠木、栲類、石櫟、常綠青岡、木荷、木蓮、阿丁楓、膽八樹等。此外有許多落葉闊葉樹，包括栓皮櫟、麻櫟、小葉櫟、檞櫟、山毛欅、楓香、檫樹、擬赤楊、光皮樺等；針葉樹有銀杏、水杉、杉木、金錢松、銀松、台灣杉、白頭杉、福建柏；闊葉樹有珙桐、杜仲、喜樹、觀光木、伯樂樹、香果樹等。多種經濟林產品主要有油茶、油桐、烏桕、漆、棕櫚、原朴、杜仲、白蠟等，油茶面積約有 300 多萬公頃，油桐約 200 萬公頃。

華南熱帶季雨林分佈於北回歸線以南地區，主要林區有海南島及南海諸島、台灣省南部及雲南紅河哈尼族彝族自治州和西雙版納地區。華南熱帶季雨林有着極為豐富的森林植物，有青梅、坡壘、龍腦香、娑羅雙樹等龍腦香科樹木，有蝴蝶樹、人面子、番龍眼、山棟、麻棟、卵葉阿丁楓等熱帶樹種；在西雙版納和廣西最南部，還有野生團花樹；在海南島和雲南南部，也分佈有陸均松、雞毛松。這一區域海拔較高的山地，有以常綠殼斗科樹木為主的常綠闊葉樹林。在低海拔及河谷雨量較少處，旱生型現象明顯，如海南島南部有厚皮樹，閉花木、合歡屬、刺竹等近似稀

樹草原的旱生型熱帶林。

南方森林資源存在着總量不足、分佈不均、質量不高等問題。在總量上，南方集體林區森林覆蓋率為 45.39%，儘管遠遠高於 20.36% 的全國平均水平，但人均森林面積僅為 0.14 平方千米，不足世界人均水平 0.60 平方千米的 1/4。人均森林蓄積量僅為 5.52 立方千米，只有世界平均水平的 1/14。在森林分佈上，南方東部地區的浙江、福建、廣東、海南等地，森林覆蓋率為 54.46%；中部地區的安徽、江西、湖北、湖南等地，森林覆蓋率為 40.62%；西部地區的廣西、貴州，森林覆蓋率為 43.83%。南方林區單位面積喬木林蓄積量，除了福建、海南與全國平均水平相近以外，其他各省都不到全國平均水平的七成，其中人工林單位面積蓄積量為 32.93 立方米 / 公頃，不足世界平均水平的 1/2。

呼倫貝爾草原

呼倫貝爾草原，世界四大草原之一，因呼倫湖、貝爾湖而得名；位於內蒙古自治區東北部，大興安嶺以西，東經 115°31′—121°10′，北緯 47°20′—50°13′，東起大興安嶺西麓，西至中蒙、中俄邊界；北起額爾古納市境內的根河南岸，南至中蒙邊界；東南一隅與內蒙興安盟接壤，東西距離 300 千米，南北距離 200 千米，面積約 10 萬平方千米。呼倫貝爾草原也是中外聞名的旅遊勝地。

呼倫貝爾草原地勢東高西低，海拔在 650—700 米之間，天然草場佔全境面積的 80%，3000 多條河流縱橫交錯，500 多個湖泊

星羅棋佈。

呼倫貝爾草原四季分明，年平均溫度 0℃ 左右，無霜期 85—155 天，溫帶大陸性氣候，屬於半乾旱區，年降水量 250—350mm 左右，年氣候總特徵為：冬季寒冷乾燥，夏季炎熱多雨。年溫度差、日期溫差大。能種植春小麥、馬鈴薯及少量蔬菜。

呼倫貝爾草原由東向西，呈規律性分佈，地跨森林草原、草甸草原和乾旱草原 3 個地帶。除呼倫貝爾草原東部（約佔草原總面積的 10.5%）為森林草原過渡地帶外，其餘多為天然草場。多年生草本植物是組成呼倫貝爾草原植物羣落的基本生態性特徵，草原植物資源約 1000 餘種，隸屬 100 個科 450 屬，是中國當今保存完好的草原，水草豐美，有鹼草、針茅、苜蓿、冰草等 120 多種營養豐富的牧草，有牧草王國之稱。

呼倫貝爾草原也是一片沒有任何污染的綠色淨土，出產肉、奶、皮、毛等畜產品。2021 年，呼倫貝爾草原大牲畜存欄 172.56 萬頭（隻），羊存欄 865.05 万隻。

錫林郭勒草原

錫林郭勒草原地處東經 115°13′—117°06′、北緯 43°02′—44°52′，位於內蒙古自治區錫林郭勒盟境內，北與蒙古國接壤，南鄰河北省張家口市、承德市，西連烏蘭察布市，東接內蒙赤峰市、興安盟和通遼市，是東北、華北、西北地區的交匯地帶，天然草場面積達 18 萬多平方千米。

錫林郭勒係蒙古語，意為丘陵地帶的母親河。錫林郭勒草

原地勢由東南向西北方向傾斜，東南部多低山丘陵，盆地錯落，西北部地形平坦，一些低山丘陵和熔岩台地零星分佈其間。東北部為烏珠穆沁盆地，河網密佈，水源豐富。西南部為渾善達克沙地，由一系列壟崗沙帶組成，多為固定和半固定沙丘。錫林郭勒草原海拔在 800—1200 米之間。

錫林郭勒草原屬中溫帶半乾旱、乾旱大陸性季風氣候，寒冷、多風、乾旱，年平均氣溫 1℃—2℃，無霜期 90—120 天，年降水量從西北向東南為 150 毫米—400 毫米。

錫林郭勒草原屬歐亞大陸草原區，擁有豐富的自然資源，以其草場類型齊全、動植物種類繁多等特徵而成為世界馳名的四大草原之一，境內被聯合國教科文組織納入國際生物圈監測體系的錫林郭勒國家級草原自然保護區，既是華北地區的重要生態屏障，又是距首都北京最近的草原牧區。

錫林郭勒草原是中國最大的草原與草甸生態系統類型的自然保護區，在草原生物多樣性的保護方面佔有重要的位置和明顯的國際影響。錫林郭勒草原是中國境內最有代表性的叢生禾草棗根莖禾草（針茅、羊草）溫性真草原，也是歐亞大陸草原區亞洲東部草原亞區保存比較完整的原生草原部分。錫林郭勒草原生態環境類型獨特，具有草原生物羣落的基本特徵，全面反映了內蒙古高原典型草原生態系統的結構和生態過程。在錫林郭勒草原，已發現種子植物 74 科、299 屬、658 種，苔蘚植物 73 種，大型真菌 46 種，其中藥用植物 426 種，優良牧草 116 種。錫林郭勒草原的野生動物中，有哺乳動物黃羊、狼、狐等 33 種，鳥類 76 種。其中國家一級保護野生動物有丹頂鶴、白鸛、大鴇、玉帶海雕等 5 種，國家二級保護野生動物有大天鵝、草原雕、黃羊等 21 種。

植被類型繁多，植物種類十分豐富的錫林郭勒草原，為發展畜牧業提供了良好的生態環境和資源條件。錫林郭勒草原是國家和內蒙古自治區重要的畜產品基地，可利用優質天然草場面積達 18 萬多平方千米；牛、馬、羊、駝等草食家畜擁有量位居全國地區級首位，是國家重要的畜產品基地。錫林郭勒草原的家畜資源中，尤以內蒙古細毛羊、蘇尼特羊、錫林郭勒馬、烏珠穆沁羊、烏珠穆沁白絨山羊、烏珠穆沁牛、草原紅牛和蘇尼特駝最為知名。其中，蘇尼特羊和烏珠穆沁羊以其肉質鮮嫩，享譽國內和中東國家，年出口數十万隻。素有畜牧業王國之稱的錫林郭勒，年肉類總產量 20.8 萬噸，皮張產量 791.4 萬張，絨毛產量 1.65 萬噸，奶類產量 14.3 萬噸。

彎彎曲曲的乃林河，流淌過牛羊撒滿如綠毯般的錫林郭勒草原上的乃林郭勒夏牧場，每年 5 月底，小河兩邊出現了蒙古包和羊羣、馬羣，幾十戶牧民一起搬進內蒙古最美麗的乃林高勒夏牧場，這裏是內蒙古傳統遊牧方式最後的見證。

伊犁草原

伊犁草原，位於新疆維吾爾自治區西部天山以北的伊犁河谷內，由那拉提、喀拉峻、庫爾德寧、巴音布魯克、唐不拉、鞏乃斯等眾多草原組成，幅員遼闊，資源豐富。

伊犁草原發育於亞洲最大山系之一的天山山脈的中天山及其山間盆地，伊犁草原的北、東、南三面環山，西部開口迎接西來濕潤的氣流，成為荒漠區中風景這邊獨好的「濕島」，促成伊犁

草原完整的垂直帶譜發育。伊犁草原從高至低依次分佈着高寒草甸、山地草甸、山地草甸草原、山地草原、山地荒漠草原、平原荒漠、河谷草甸，多樣性十分豐富。

在伊犁草原中，發育於天山山脈中天山及其山間盆地的那拉提草原，堪稱伊犁草原的典型代表。那拉提，意為「最先見到太陽的地方」，那拉提草原地處楚魯特山北坡，發育於第三紀古洪積層上的中山地草場，東南接那拉提高嶺，勢如屏障。西北沿鞏乃斯河上游谷地斷落，地勢大面積傾斜，山泉密佈，溪流縱橫。北、東、南三面環山，西部開口迎接西來濕潤的氣流。在那拉提草原山勢緩和的河谷階地中，生長着茂盛的山地草甸，其中羊茅和苔草是當地最具代表性的天然牧草。獨特的地理環境，使那拉提草原保有較高的降水量，十分有利於牧草和野生動物的生長。因此歷史上的那拉提草原，曾有「鹿苑」之稱。

伊犁草原，無論是聲名在外的那拉提草原，還是後起之秀的唐不拉草原，抑或是傳統的牧場鞏乃斯草原，均展現出超然絕美的氣質與外表。伊犁草原土壤肥沃，氣候溫和濕潤。雖然河谷兩岸降水量少，但山地上降水多。這裏自然條件好，年均溫度在8℃—9℃左右，宜牧宜農，從平原到山地分佈有荒漠、草原、草甸、灌叢和森林等多種植被類型，以及獨特的遊牧文化。伊犁草原的牧民，冬天在平原荒漠放牧，春天轉移上山，夏天到高山草地，秋天又開始新的輪迴。

伊犁草原是野生動物的天然栖息地，有四爪陸龜、天山馬鹿、新疆北鯢、伊犁鼠兔、天鵝、雪豹、旱獺、高鼻羚羊、棕熊、盤羊、雪兔、金雕、草原蝰蛇等不計其數的野生動物，其中國家重點保護珍稀野生動物有 60 多種。

伊犁草原上廣泛分佈的草原土墩墓、神祕多彩的伊犁岩畫與粗獷風趣的草原石人，堪稱這裏的「三大文物奇觀」。在伊犁發現大量遠古岩畫，如唐巴勒岩繪畫墓，為新石器時代晚期或青銅器時代早期所作，氣勢磅礴，造型生動、古樸。烏孫在伊犁先後活動五百餘年，是形成現代哈薩克族的族源之一，烏孫古墓是留存於伊犁草原的重要文化遺跡。在伊犁廣闊草原上分佈着上萬座土墩墓，又稱烏孫土墩墓，這些土墩墓或三五一列，或數十座一羣，最大者底部周長 350 米，高 20 餘米。在水草豐美的伊犁草原上，發現有多處大型石雕人像，是古代突厥人的遺物。千百年來，這些石雕人像屹立在廣闊無垠的草原上，經歷着風風雨雨，被人們稱之為「草原石人」。

那曲草原

那曲草原，位於西藏自治區北部那曲縣境內，東經 91° 12′—93° 02′，北緯 30° 31′—31° 55′，地處唐古拉山脈與念青唐古拉山脈之間，海拔 4450 米以上，那曲草原總面積約 40 多萬平方千米。

那曲，藏語意為「黑河」；那曲草原地區在唐古拉山脈、念青唐古拉山脈和岡底斯山脈懷抱之中，西邊的達爾果雪山，東邊的布吉雪山，形似兩頭猛獅，守護着這塊寶地。那曲草原這片總面積達 40 多萬平方千米的土地，就是人們常說的羌塘。

那曲草原地形整體呈西高東低傾斜，西高、中平、東低，平均海拔在 4500 米以上。那曲草原中西部，地形遼闊平坦，多

丘陵盆地，湖泊星羅棋佈，河流縱橫其間。那曲草原東部，屬河谷地帶，多高山峽谷，是藏北僅有的農作物產區，並有少量的森林資源和灌木草場，海拔高度在 3500－4500 米之間，氣候好於中西部。

那曲草原屬高原亞寒帶半乾旱季風型氣候，其特點是氣溫低、空氣稀薄、大氣乾潔、太陽輻射強、日溫差大，年平均氣溫 -1.5℃，氣溫平均日差 16.1℃。1 月平均氣溫 -13.2℃，年極端最低氣溫 -41.2℃。7 月平均氣溫 9.0℃，年極端最高氣溫 23.60℃。那曲草原每年 0℃以上持續天數為 164.5 天，年日照時數 2846.9 小時。每年 10 月中旬至次年 5 月中旬，為積雪期和土壤凍結期，年平均霜日 103 天，7－9 月為高原植被生長期。那曲草原平均年降水量 421.9 毫米，平均年蒸發量 1690.7 毫米，平均相對濕度 54%。

那曲草原是中國高寒草甸草原的代表性區域，地域遼闊，湖泊星羅棋佈，河流縱橫其間，地熱溫泉眾多。那曲草原面積巨大，一望無際。西邊是達爾果雪山，東邊是布吉雪山，雪山融水源源不斷地流淌，滋養得草原分外妖饒，一望無垠的無人區草原、雄偉高大的雪峰、幽靜湛藍的納木錯和煙波浩渺的色林錯等眾多湖泊，構成了一幅藍天、白雲、雪山、清水、綠草交相輝映的優美景象。

那曲草原以遼闊、高寒著稱，在夏秋之際的黃金季節裏，處處顯露出勃勃生機，藍天白雲，野花點點，充滿勃勃的生機。彎彎曲曲、幽藍發黑的那曲河貫穿、滋潤了整個大草原，那種短小似「寸頭」的「那扎」（蛋白質含量最高的草類）成就了羌塘草原。

在那曲一望無際的草原上，到處都是牧民賴以生存的牦牛和羊羣，處處可見牧民棲息之所。每年 8 月，是那曲草原的黃金季節，數以萬計的藏族牧民蜂蜂擁而至，搭起連綿數里的賬篷，建成規模宏大的賬篷城。綠草茵茵，野花遍地，羊肥牛壯，那曲草原的牧民們在這裏舉辦傳統的一年一度的賽馬會，這是他們最開心的日子。

第 九 章

郷 村 城 市

城鄉攜手

在中國遼闊的土地上，分佈着廣大的鄉村和眾多的城市。

鄉村，也稱農村，具有特定的自然景觀，是從事農業生產為主的勞動者的聚居地。鄉村坐落在城市以外的廣大地區。在中國，鄉村的範圍一般是指縣城以下的地區，包括鄉鎮、村莊及其所管轄的行政區域。中國鄉村的人文地理條件，包括地形地貌、自然氣候、自然資源等自然因素，人口規模、民俗文化等人文因素，區位及交通、產業結構等經濟因素，以及政策法規等因素，涉及很多方面，使各地的鄉村呈現出不同特徵。

中國是一個農業大國，承載着幾千年未間斷的人類農業文明。地理環境對農業生產尤其是傳統農業生產起着極其重要的作用。影響鄉村類型的主要自然氣候因素，包括積溫、光照、降水量、海拔等。水网、高原、平原、山地、丘陵、河谷、盆地等地形地貌，也是影響鄉村類型的重要因素。一般來說，海拔 2500 米以上地區基本不適宜作物的栽培。世界上大多數的耕地、城市和人口都分佈於低海拔的地區。

人多地少，是中國的基本國情之一。農民收入低的主要原因

之一是耕地短缺，家庭經營的規模小，勞動力不能充分就業。中國全國農村集體土地總面積 65.5 億畝，設有 691510 個行政村。2021 年，中國耕地約為 19.2 億畝。第一產業產值達到 83086 億元，佔國內生產總值的 7.26%。

農業的區域轉移，對鄉村建設產生重要影響。在現代工業化和城鎮化背景下，中國耕地重心進一步「北上西進」，並與人口向東南遷移趨勢逆向而行，最終讓南糧北調逐步轉變為北糧南運。2008 年，中國北方地區糧食產量上升至全國糧食總產量的 53%，開始超越南方。2015 年，東北三省糧食外調量已上升至全國調運量的 60%。

城市，也叫城市聚落，是以非農業產業和非農業人口集聚形成的較大居民點，一般包括了住宅區、工業區和商業區並且具備行政管轄功能。城市包括有居民區、街道、醫院、學校、公共綠地、寫字樓、商業賣場、廣場、公園等公共設施。

中國對城市規模的統計分類標準如下：城區常住人口 50 萬以下的城市為小城市；城區常住人口 50 萬以上 100 萬以下的城市為中等城市；城區常住人口 100 萬以上 500 萬以下的城市為大城市；城區常住人口 500 萬以上 1000 萬以下的城市為特大城市；城區常住人口 1000 萬以上的城市為超大城市。

根據民政部 2011 年發佈的《2010 年社會服務發展統計報告》，截至 2010 年中國（不含港澳台地區）設市城市數量增加到 657 個。此後部分城市撤銷、部分城市新增，截至 2016 年末，全國共有 663 個設市城市。

21 世紀以來，中國城鎮化進程持續加速，人口不斷向主要的發達地區集聚。目前中國城鎮常住人口已經超過 9 億人。而農村

常住人口繼續減少，老齡化趨勢還在加劇。

農業空間

　　農業空間佈局，是農業結構的重要內容。農業用地為主，在中國全國土地總面積構成中，農業用地比例最大。據《第三次全國國土調查主要數據公報》，截至 2019 年 12 月 31 日，全國耕地 12786.19 萬公頃（191792.79 萬畝）。其中，水田 3139.20 萬公頃（47087.97 萬畝），佔 24.55%；水澆地 3211.48 萬公頃（48172.21 萬畝），佔 25.12%；旱地 6435.51 萬公頃（96532.61 萬畝），佔 50.33%。

　　兩千多年來，中國的農業空間，先是從黃河中下游向北、向南，繼而向東北和西北擴張。全國耕地面積由 0.15 億平方千米，增加至 1.35 億平方千米。

　　春秋戰國時期，中國耕地主要分佈在關中平原、函谷關以東的汾涑下游平原、伊洛河谷、濟水流域、黃河下游平原、成都平原、江淮農業區。秦至西漢時期，農牧界線向北推至河西走廊北側及長城一線，耕地逐步擴張到黃土高原、鄂爾多斯高原、河套平原、銀川平原、河西走廊、河湟地區、滇中高原及遼河流域。東漢魏晉南北朝時期，北方農牧界線內縮至渭河平原北部及汾河中游，耕地拓展至太湖平原、洞庭湖平原、成都平原，耕地面積大幅上升。隋唐時期，黃河中下游農業區耕地面積繼續擴大。宋元明清時期，廣東進入全面開發階段。19 世紀中葉後，東北地區耕地快速擴張，由東南向西北擴張至黑龍江呼蘭、璦琿等地。

　　中國農業空間地貌類型複雜，有山地、高原、丘陵、盆地、

平原等多種類型。山地面積約佔全國土地面積的 33%，高原佔 26%，丘陵佔 10%，，盆地佔 19%，平原佔 12%。

中國農業空間氣候類型多樣，由北向南縱跨溫帶、亞熱帶、熱帶三大熱量帶。熱量條件的差異，形成了北方以旱地農業、一年一熟和二年三熟為主；南方以水田農業、一年二熟和三熟為主。中國農業空間由東向西橫跨濕潤、半濕潤、半乾旱、乾旱四個氣候區，水分條件的差異，形成了東部以農業、林業為主和西部以牧業及綠洲農業為主的兩大區域。

中國農業空間的土壤和植被類型多樣，土壤和植被的差異，影響着土地的性質、肥力狀況與開發利用方向。南方土壤以紅壤、黃壤和水稻土為主，天然植被為亞熱帶常綠闊葉林和熱帶季雨林、雨林。北方土壤以綿土、潮土、褐土、棕壤、黑土為主，天然植被為溫帶針葉林和落葉闊葉林。西北土壤以栗鈣土、棕鈣土、漠土為主，天然植被為草原、草甸、荒漠。青藏高原土壤以高山草甸土、草原土和漠土為主，天然植被為高山草原、高山草甸和高寒荒漠。

中國農業空間人口、地區分佈不均衡。東南沿海及四川盆地人口稠密，農業發展歷史悠久，交通、文化、經濟比較發達，水利、機械化程度較高，土地利用率較高。西北地區及青藏高原人口稀少，農業發展歷史較晚，交通、文化、經濟、技術條件落後，土地利用水平較低，進一步開發利用潛力較大。

中國農業空間土地利用地域差異顯著。絕大部分耕地集中在東部地區，而西部地區及邊遠地區耕地很少。東部的三大平原所在省市的耕地面積，佔全國耕地面積的 60% 左右；全國的水田面積，佔耕地面積的 25% 左右，主要分佈在秦嶺淮河一線以南。平

原及盆地以耕地、水域、非農建設用地為主；丘陵、山崗地區以耕地、林地為主；山地以林地、草地為主；內蒙古、新疆、青藏高原以草地和難利用土地為主。

在用地結構方面，中國東南部以耕地、林地,、水域、非農建設用地為主，土地利用率較高；中部農牧交錯地帶以耕地、草地為主，土地利用率較低；西北部以草地和難利用土地為主，土地利用率低。

受農業結構調整、生態退耕、自然災害損毀和非農建設佔用等影響，中國耕地資源呈逐年減少趨勢。據國土「三調」數據，國土「二調」以來的 10 年間，全國耕地減少了 1.13 億畝，在非農建設佔用耕地嚴格落實了佔補平衡的情況下，耕地地類減少的主要原因是農業結構調整和國土綠化。全國人均耕地面積，約為世界平均水平的 40%。質量較差、產量不高的中低產田，佔全國耕地資源總數的 71.34%，高產耕地佔耕地總量的 30%。

中國糧食作物生產佈局區域格局變化特徵明顯，糧食生產重心變動軌跡，沿「東北—西南」方向往復推進，近些年變動方向由「趨向東南」轉為「趨向東北」。南方糧食生產比重，由 1978 年的 55.38%，下降到 2007 年的 49.32，北方則由 1978 年的 40.74% 上升到 2007 年的 50.69%。1978—2007 年，中國東部糧食生產比重下降了 8.54%，中部提高了 7.19%，西部提高了 1.35%。2007 年中國東、中、西部糧食產量，分別佔全國總產量的 33.05、25.68%、21.25%。

糧食作物生產佈局逐步向耕地資源相對豐富、農民非農就業機會較少、生產經濟效益比較高的北、中部地區轉移或集中，地理空間溢出效應對糧食、小麥、稻穀和玉米生產佈局影響顯著。

受人均耕地規模擴大、灌溉條件改善及技術進步影響，小麥生產在華北、華中區佈局擴大，在東北、西南、華東區佈局縮減。受自然災害及非農產業發展、灌溉條件改善、經濟效益優勢及技術進步影響，稻穀生產在東北區佈局增加，在華東、華南區佈局縮減。受人均耕地規模擴大、市場需求增加、運輸條件改善、政策及城鎮化發展影響，玉米生產在華北、東北區佈局保持穩定，在西南區佈局縮減。

鄉村聚落

　　鄉村聚落，也就是村落，指鄉村地區人類各種形式的居住場所，包括所有的村莊和擁有少量工業企業及商業服務設施、但未達到建制鎮標準的鄉村集鎮。在中國農區或林區，村落通常是固定的。而在牧區，定居聚落、季節性聚落和遊牧的賬幕聚落兼而有之。在漁業區，還有以舟為居室的船戶村。

　　中國東北地區，土地遼闊，耕地較多，鄉鎮居民點腹地較大，鄉鎮佔用的土地面積也比較大。在東北地區，居住點通常距離耕地較遠。松嫩平原村鎮離耕地的最遠距離，可達 8 — 10 千米。東北農村聚落規模大、中、小並存，既有千人和萬人級以耕作為主業的村落，也有大量的中小村落，村鎮多分佈於地勢稍高的緩崗坡麓地帶。東北農民長期生活在地廣人稀、土地肥沃的環境中，無霜期短，天氣寒冷，傳統村居一般比較低矮，牆體厚，保暖性較好，村民多睡火炕，喜喝烈性酒。東北地區的移民來自全國、特別是北方地區，當地村民的婚慶、年節等民俗，保留了

不少內地的風俗。

中國華北地區，地勢平坦，村鎮規模較大，多數是千人已至數千人的大村，中小村落較少，村鎮的密度稀，耕作半徑較大，耕地離村遠的距離可達 1—2 千米。華北的平原地區以院落式民宅為主，華北的黃土高原地區，以窰洞及類似窰洞的平頂填土住宅為最大特色。在黃土丘陵溝壑地區，耕地比較分散，莊稼單產低，廣種薄收，窰洞多沿着一條溝或一道山梁兩側分佈，有的達三四層。平川地區常出現窰洞與房屋混合而成的村落，規模比華北平原的要小，住宅分佈也比較分散。

長江中下游地區，農業生產以水稻種植為主，耕作半徑小得多。眾多的河湖水網，使得村鎮在生活用水方面選址比較容易。長江中下游地區村鎮數量多、規模小、密度大，是中國村鎮密度最大的地區之一。那裏的鄉村住宅，一般選擇地勢略高的地段，以防潮濕和洪澇。在江南水鄉，村鎮佈局多體現水網特色，橋樑眾多，住宅沿河建造，水閣下設置家用碼頭以及水上住宅（船屋）。在皖南、浙西和江西、湖南兩省大部、南嶺地區的村鎮，鄉村密度較稀，多分佈於河谷、盆地和坡麓地區帶，存在大量很小的村落，也有較大河谷盆地中央的規模較大村鎮，由於氣候濕熱，住宅多為樓房。

中國西南地區，居住比較分散，村鎮規模不大，地區內差別較大。山區村鎮住宅依山勢而建，多以幾戶或十來戶為一組，林盤環繞、星羅棋佈於鄉村之中。平原和壩子是農耕中心，村鎮密度大，有許多大的村鎮。在成都平原，每百平方千米，可有村鎮一兩千個。西南地區也是中國最大的少數民族聚居區，其中彝族、苗族人數在 500 萬人以上，布依族、侗族、白族、哈尼族、

藏族人口在 100 萬以上。雲南、貴州的少數民族分佈,具有「大雜居、小聚居、交錯居住」的特徵。

中國華南地區,擁有許多規模龐大的村落和集鎮,分佈在沿海、河流下游的沖積平原和河谷盆地中。而山丘地區的居住點規模小、範圍分散。華南地區在古代屬於中國偏遠的南方,形成了與中原地區迴然不同的方言,如福建閩南話、廣東潮州話、廣州話等。在世界各地的中國僑民中,來自華南地區的有 1500 多萬人,佔中國華僑總數的一半以上。

在中國西北地區,其中的內蒙古核桃地區、寧夏銀川平原等地降水量較少,平頂住宅或略呈圓弧形屋頂的住宅為其特色。內蒙古和新疆北部以畜牧業為主的廣大地區,是中國鄉村聚落密度最稀的地區之一,平均每百平方千米村鎮不超過 15 個。西北牧區有大量流動住宅,如蒙古族、哈薩克族特色鮮明的蒙古包。在新疆南部及河西走廊地區,氣候乾旱,灌溉農業是鄉村的主要經濟活動,村鎮多為泥砌土房,分佈於靠近水源的地方。

在中國青藏高原地區,許多藏族牧民以方形賬篷為家,在山地、草原上過着傳統的遊牧生活。西藏雅魯藏布江河谷地區,有很多地方以耕作業為主,村鎮規模一般不大,常用塊石堆砌牆壁,山區多為樓房,住宅平面方形,較大的村鎮還建有喇嘛廟。

北京

北京,古稱燕京,地處華北平原北部,中華人民共和國首都,世界著名古都和現代化國際城市。據第七次全國人口普

查結果，截止 2020 年 11 月 1 日零時，北京常住人口 21893095 人。常住人口中，外省市來京人口為 841.8 萬人，佔常住人口的 38.5%。

北京位於東經 115.7°—117.4°，北緯 39.4°—41.6°，中心位於北緯 39°54′20″，東經 116°25′29″，從地圖上可以看到，北京位於華北平原北部，毗鄰渤海灣，上靠遼東半島，下臨山東半島，北與天津相鄰，並與天津一起被河北省環繞。

北京市總面積 16410.54 平方千米，其中山區面積 10200 平方千米，約佔總面積的 62%；平原區面積為 6200 平方千米，約佔總面積的 38%。北京的地形西北高，東南低，平均海拔 43.5 米，平原地帶的海拔高度 20—60 米，山地一般海拔 1000—1500 米。

北京西部的西山，屬太行山脈；北部和東北部的軍都山，屬燕山山脈。北京最高的山峰為京西門頭溝區的東靈山，海拔 2303 米。最低的地面為通州區東南邊界。

北京的地勢西北高、東南低；西部、北部和東北部三面環山，東南部是一片緩緩向渤海傾斜的平原。

北京境內流經的主要河流有永定河、潮白河、北運河、拒馬河等，多由西北部山地發源，穿過崇山峻嶺，向東南蜿蜒流經平原地區，最後分別匯入渤海。北京市有水庫 85 座，其中大型水庫有密雲水庫、官廳水庫、懷柔水庫、海子水庫。

北京為典型的北溫帶半濕潤大陸性季風氣候，夏季高溫多雨，冬季寒冷乾燥，春、秋短促。全年無霜期 180—200 天，西部山區較短。2007 年平均降雨量 483.9 毫米，為華北地區降雨最多的地區之一。降水季節分配很不均勻，全年降水的 80% 集中在夏季 6、7、8 三個月，7、8 月有大雨。北京太陽輻射量全年平均為

112—136 千卡／厘米。北京年平均日照時數在 2000—2800 小時之間。

　　早在西周初年，周武王封召公於北京及附近地區，稱燕，都城在今北京房山區的琉璃河鎮，遺址尚存。又封黃帝之後人於薊，在今北京西南。後燕國滅薊國，遷都於薊，統稱為燕都或燕京。秦代設北京為薊縣，為廣陽郡郡治。漢高祖五年，被劃入燕國轄地。元鳳元年復為廣陽郡薊縣，屬幽州。西漢本始元年（公元前 73 年），北京更為廣陽國首府。東漢光武改制時，置幽州刺史部於薊縣。永元八年（96 年）復為廣陽郡駐所。西晉時，朝廷改廣陽郡為燕國，而幽州遷至范陽。十六國後趙時，幽州駐所遷回薊縣，燕國改設為燕郡。歷經前燕、前秦、後燕和北魏而不變。隋開皇三年（583 年）廢除燕郡。大業三年（607 年），隋朝改幽州為涿郡。

　　北京是一座有着三千多年歷史的古都，在不同的朝代有着不同的稱謂，大致算起來有二十多個別稱。據史書記載，公元前 1122 年，周武王滅商以後，在燕封召公。燕都因古時為燕國都城而得名。戰國七雄中有燕國，據說是因臨近燕山而得國名，其國都稱為「燕都」。幽州是遠古時代的九州之一。幽州之名，最早見於《尚書·舜典》：「天下九州，燕曰幽州。」兩漢、魏、晉、唐代都曾設置過幽州，所治均在北京一帶。京城泛指國都，北京成為國都後，也多將其稱為京城。

　　北京在歷史上曾為六朝都城，從燕國起的 2000 多年裏，建造了許多宮廷建築，使北京成為中國擁有帝王宮殿、園林、廟壇和陵墓數量最多的城市。北京故宮，明朝時叫大內宮城，清朝時叫紫禁城，這裏原為明、清兩代的皇宮，住過 24 個皇帝，建築宏偉

壯觀，體現了中國傳統的古典風格和東方格調，是中國乃至全世界現存最大的宮殿。天壇以其佈局合理、構築精妙而揚名中外，是明、清兩代皇帝「祭天」的地方。四合院和胡同是北京古城佈局和傳統民居的標誌。北京四合院源於元代院落式民居，以正房、倒座房、東西廂房圍繞中間庭院形成平面佈局，是老北京城最主要的民居建築。

北京城池，中國歷史上最後兩代王朝明和清的都城城防建築的總稱，由宮城、皇城、內城、外城組成，包括城牆、城門、甕城、角樓、敵台、護城河等多道設施，曾經是中國存世最完整的古代城市防禦體系。北京城門，在明清時根據等級以及建築規格的差異，分為宮城城門、皇城城門、內城城門、外城城門四類。明清北京城有宮城城門四座（一稱六座）。北京中軸線，指元、明、清時的北京城的中軸線。古代北京的城市規劃，具有以宮城為中心左右對稱的特點。北京的中軸線南起永定門，北至鐘鼓樓，長約 7.8 千米，從南往北依次為永定門、前門箭樓、正陽門、中華門、天安門、端門、午門、紫禁城、神武門、景山、地安門、後門橋、鼓樓和鐘樓。從這條中軸線的南端永定門起，有天壇、先農壇，太廟、社稷壇，東華門、西華門，安定門、德勝門，以中軸線為軸對稱分佈。

北京著名的旅遊景點，有世界上最大的皇宮紫禁城、祭天神廟天壇、皇家園林北海公園、頤和園和圓明園，還有八達嶺長城、慕田峪長城以及世界上最大的四合院恭王府等名勝古跡。北京市共有文物古跡 7309 項，擁有 7 處世界遺產、99 處全國重點文物保護單位、326 處市級文物保護單位、5 處國家地質公園、15 處國家森林公園。

上海

　　上海，簡稱滬、申，中國超大城市、直轄市，國際經濟、金融、貿易、航運、科技創新中心城市。上海市地處東經 120°52′至 122°12′，北緯 30°40′至 31°53′之間，面積 6340 平方千米，位於太平洋西岸，亞洲大陸東沿，北界長江，東瀕東海，南臨杭州灣，西接江蘇和浙江兩省。

　　上海是長江三角洲沖積平原的一部分，平均高度為海拔 2.19 米左右。海拔最高點是位於金山區杭州灣的大金山島，海拔為 103.70 米。西部有天馬山、薛山、鳳凰山等殘丘，天馬山為上海陸上最高點，海拔高度 99.8 米。海域上有大金山、小金山、浮山（烏龜山）、佘山島、小洋山島等岩島。在上海北面的長江入海處，有崇明島、長興島、橫沙島三個島嶼。崇明島為中國第三大島，由長江挾帶下來的泥沙沖積而成，面積為 1041.21 平方千米，海拔 3.5 米—4.5 米。長興島面積 88.54 平方千米，橫沙島面積 55.74 平方千米。

　　上海屬亞熱帶季風性氣候，四季分明，日照充分，雨量充沛。上海氣候溫和濕潤，春秋較短，冬夏較長。2013 年，上海全市平均氣溫 17.6℃，日照 1885.9 小時，降水量 1173.4 毫米。上海全年 60% 以上的雨量，集中在 5 月至 9 月的汛期。

　　上海市地處長江入海口、太湖流域東緣，境內河流、湖泊面積約 500 多平方千米，河道長度 2 萬餘千米，河網密度平均每平方千米 3 千米—4 千米。上海境內江、河、湖、塘相間，水網交織，主要水域和河道有長江口、黃浦江及其支流吳淞江（蘇州河）、蘊藻浜、川楊河、澱浦河、大治河、斜塘、圓泄涇、大泖

港、太浦河、攔路港，以及金匯港。其中黃浦江幹流全長 80 餘千米，河寬大都在 300 米—700 米之間，其上游在松江區米市渡處承接太湖、陽澄澱泖地區和杭嘉湖平原來水，貫穿上海至吳淞口匯入長江口。吳淞江發源於太湖瓜涇口，在上海市區外白渡橋附近匯入黃浦江，全長約 125 千米，其中上海境內約 54 千米，俗稱蘇州河，為黃浦江主要支流。上海的湖泊集中在與蘇、浙交界的西部窪地，最大的湖泊為澱山湖，面積為 60 餘平方千米。

上海春秋時期屬吳國。戰國先後屬越國、楚國，曾是楚春申君黃歇的封邑，故別稱為「申」。晉朝時期，因漁民創造捕魚工具「扈」，江流入海處稱「瀆」，因此松江下游一帶被稱為「扈瀆」，以後又改「扈」為「滬」，故上海簡稱「滬」。南宋咸淳三年（1267 年），在上海浦西岸設置市鎮，定名為「上海鎮」。元代至元二十九年（1292 年），中央政府把上海鎮從華亭縣劃出，批准設立上海縣，標誌着上海建城之始。1810 年，上海縣合城南境、老閘、新閘、江境廟區域為上海城；另設蒲松鎮、東涇鎮及 12 鄉。鴉片戰爭後，上海開埠。1845 年，英國殖民者首先在上海縣境域劃定英租界；1849 年，法國殖民者也劃定法租界；1863 年，美租界與英租界合併成立公共租界。1921 年 7 月，中共一大在上海召開，中國共產黨正式成立。1927 年，上海特別市成立，始有直轄市一級建置。1930 年，上海特別市改稱上海市。1949 年 10 月 1 日，中華人民共和國成立，上海為中央直轄市。

截至 2021 年，上海市下轄 16 個區，即黃浦區、徐匯區、長寧區、靜安區、普陀區、虹口區、楊浦區、閔行區、寶山區、嘉定區、浦東新區、金山區、松江區、青浦區、奉賢區、崇明區。至 2021 年年末，上海全市常住人口為 2489.43 萬人。其中，戶籍

常住人口 1457.44 萬人，外來常住人口 1031.99 萬人。

　　上海是中國重要的經濟、交通、科技、工業、金融、會展和航運中心，是世界上規模和面積最大的都會區之一。上海港貨物吞吐量和集裝箱吞吐量均居世界第一，是一個良好的濱江濱海國際性港口。上海也是中國大陸首個自貿區「中國（上海）自由貿易試驗區」所在地。上海與江蘇、浙江、安徽共同構成的長江三角洲城市羣，已成為國際六大世界級城市羣之一。

　　2021 年，上海全市工業增加值達到 1.07 萬億元；新能源、高端裝備、生物、新一代信息技術、新材料、新能源汽車、節能環保、數字創意等工業戰略性新興產業總產值 16055.82 億元，比上年增長 14.6%，佔全市規模以上工業總產值比重達到 40.6%。上海商業繁華，中華商業第一街南京路、時尚高雅的淮海路，是聞名全國的商業大街。

　　上海現代建築櫛次鱗比，人文景觀有東方明珠電視塔、金茂大廈、環球金融中心、上海中心大廈、中華藝術宮、世博會主題館、上海國際金融中心、上海科技館、港匯恆隆廣場、正大廣場、上海歡樂谷、上海迪士尼樂園、國家會展中心等。自然景觀有佘山國家森林公園、東灘世界地質公園、澱山湖、奉賢碧海金沙海灘、上海野生動物園、上海植物園、上海世紀公園、滴水湖等。

成都

　　成都，簡稱蓉，是中國四川省省會、西南地區的超大城市。成都位於四川省中部，四川盆地西部，介於東經 102°54′—

104°53′和北緯 30°05′—31°26′之間，總面積 14335 平方千米。

　　成都位於四川省中部，四川盆地西部，全市東西長 192 千米，南北寬 166，總面積 14605 平方千米，其中耕地面積 648 萬畝。成都東北與德陽、東南與資陽毗鄰，南面與眉山相連，西南與雅安、西北與阿壩州接壤。2016 年，成都全市土地面積為 14335 平方千米，市區面積為 4241.81 平方千米，其中建成區面積 837.27 平方千米。

　　成都地形地貌，按類型可分為平原、丘陵和山地；按土壤類型可分為水稻土、潮土、紫色土、黃壤、黃棕壤等 11 類；按土地利用現狀類型可分為耕地、園林地、牧草地等 8 類。成都平原面積比重大，達 4971.4 平方千米，佔全市土地總面積的 40.1%，丘陵面積佔 27.6%，山地面積佔 32.3%。

　　成都地勢差異顯著，西北高，東南低，西部屬於四川盆地邊緣地區，以深丘和山地為主，海拔大多在 1000—3000 米之間，最高處大邑縣雙河鄉，海拔為 5353 米，相對高度在 1000 米左右。東部屬於四川盆地盆底平原，是成都平原的腹心地帶，主要由第四系衝擊平原、台地和部分低山丘陵組成，土層深厚，土質肥沃，開發歷史悠久，墾殖指數高，地勢平坦，海拔一般在 500 米上下，最低處金堂縣雲合鎮海拔 387 米。

　　成都東、西兩個部分之間，高差懸殊達 4966 米，直接造成水、熱等氣候要素在空間分佈上的不同。西部山地氣溫、水溫、地溫大大低於東部平原，山地上下之間還呈現出明顯的不同熱量差異的垂直氣候帶。在成都市域範圍內，生物資源種類繁多，門類齊全，分佈又相對集中。

　　成都冬濕冷、春早、無霜期較長，四季分明，熱量豐富。年

平均氣溫在 16℃ 左右，全年無霜期為 278 天。冬季最冷月 1 月平均氣溫為 5℃ 左右，最低氣溫在 0℃ 以下的天氣，集中出現在 12 月中下旬和 1 月上旬。成都冬春雨少，夏秋多雨，雨量充沛，年平均降水量為 900—1300 毫米。

成都有岷江、沱江等 12 條幹流及幾十條支流，河流縱橫，溝渠交錯，有馳名中外的都江堰水利工程，庫、塘、堰、渠星羅棋佈。

成都地處亞熱帶濕潤地區，自然生態環境多樣，生物資源十分豐富。據初步統計，僅動、植物資源就有 11 綱、200 科、764 屬、3000 餘種。主要脊椎動物 237 種，國家重點保護的珍稀動物有大熊貓、小熊貓、金絲猴、牛羚等。

依據挖掘的金沙遺址，成都建城史可以追溯到距今 3200 年前。史書記載，大約在公元前 367 年，古蜀國開明王朝九世將都城從廣都樊鄉（雙流）遷往成都，構築城池。公元前 316 年，秦國先後兼併蜀國、巴國，並設置蜀郡於成都。公元前 256 年，蜀郡太守李冰率領當地人民，主持修建了沿用至今的都江堰水利工程。西漢時，成都人口達到 7.6 萬戶，近 40 萬人。三國時期，成都為蜀漢國都。南朝宋、齊以後，益州及蜀郡的治地址都是成都。唐朝成都成為全國四大城市之一。宋朝時期，成都經濟發達，是全國首屈一指的大都市。清沿明制，設四川布政使司於成都。1949 年 12 月，成都成為川西行署區的駐地。1952 年 9 月，在成都成立四川省人民政府。2021 年 11 月，國家發改委、四川省政府正式批覆《成都都市圈發展規劃》，定位成都為全國重要的經濟中心、科技創新中心、世界文化名城和國際門戶樞紐。

2021 年年末，成都常住人口 2119.2 萬人，其中，城鎮常住人

口 1684.3 萬人。成都市轄 20 個縣級行政區劃單位，261 個鄉級行政區劃單位。

成都是首批國家歷史文化名城、中國最佳旅遊城市和世界優秀旅遊目的地，聯合國教科文組織授予成都「世界美食之都」稱號。川菜，菜式多樣，口味清鮮醇濃並重，以善用麻辣著稱，是中國四大菜系之一。

成都擁有武侯祠、杜甫草堂、永陵、望江樓、青羊宮、文殊院、明蜀王陵、昭覺寺等眾多歷史名勝古跡和人文景觀。成都也是四川大熊貓栖息地，擁有名揚四海的大熊貓基地。

深圳

深圳，簡稱「深」，別稱鵬城，中國超大城市，處廣東省南部，珠江口東岸；東臨大亞灣和大鵬灣，西瀕珠江口和伶仃洋，南邊深圳河與香港相連，北部與東莞、惠州兩城市接壤。

深圳市是中國南部海濱城市，毗鄰香港。位於北回歸線以南，東經 113°43′至 114°38′，北緯 22°24′至 22°52′之間，全市面積 1997.47 平方千米。「深圳」地名始見史籍於 1410 年（明永樂八年）。當地方言俗稱田野間的水溝為「圳」或「涌」，深圳因其水澤密佈，村落邊有一條深水溝而得名。

深圳全境地勢東南高，西北低，大部分為低丘陵地，間以平緩的台地；西部為濱海平原。境內最高山峰為梧桐山，海拔 943.7 米。

深圳位於廣東省中南沿海地區，珠江入海口之東偏北，所

處緯度較低，屬亞熱帶海洋性氣候。由於深受季風的影響，夏季盛行偏東南風，時有季風低壓、熱帶氣旋光顧，高溫多雨；其餘季節盛行東北季風，天氣較為乾燥，氣候溫和，年平均氣溫22.4℃。雨量充足，每年4—9月為雨季，年降雨量1933.3毫米。日照時間長，平均年日照時數2120.5小時。常年主導風向為東南偏東風，平均每年受熱帶氣旋（颱風）影響4—5次。

深圳依山臨海，有大小河流160餘條，分屬東江、海灣和珠江口水系。流域面積大於100平方千米的河流，有深圳河、茅洲河、龍崗河、觀瀾河和坪山河等五條。截至2017年底，深圳有水庫24座，其中中型水庫九座，總庫容5.25億立方米。

先秦時期，深圳是南越部族遠征海洋的一個駐腳點。秦朝時屬南海郡的深圳，融入了中原文化。漢代深圳屬於交州。宋朝時期，深圳一帶是南方海路貿易的重要樞紐。明朝時，深圳屬新安縣。清代，深圳隸屬廣肇羅道廣州府。1979年3月，國務院批覆同意廣東省寶安縣改設為深圳市。1979年7月，中央決定在深圳、珠海、汕頭、廈門建立經濟特區。1980年8月26日，第五屆全國人民代表大會常務委員會第十五次會議中通過了由國務院提出的《廣東省經濟特區條例》，批准在深圳設置經濟特區。2019年2月，中共中央、國務院印發《粵港澳大灣區發展規劃綱要》，要求深圳發揮作為經濟特區、全國性經濟中心城市和國家創新型城市的引領作用，加快建成現代化國際化城市，努力成為具有世界影響力的創新創意之都。

2021年年末，深圳全市常住人口1768.16萬人。其中，常住戶籍人口556.39萬人，佔常住人口比重31.5%；常住非戶籍人口1211.77萬人，佔比重68.5%。截至2021年，深圳市下轄九個區，

即羅湖區、福田區、南山區、寶安區、龍崗區、鹽田區、龍華區、坪山區、光明區。

深圳是中國經濟中心城市之一，經濟總量位列上海和北京之後，是中國大陸經濟效益最好的城市之一。深圳口岸是全國最繁忙的口岸之一，擁有經國務院批准對外開放的一類口岸 15 個，其中包括中國客流量最大的旅客出入境陸路口岸 —— 羅湖口岸，24 小時通關的皇崗口岸，以及中國首個內地與香港無縫接駁的地鐵口岸 —— 福田口岸，唯一「一地兩檢」的陸路口岸 —— 深圳灣口岸。

深圳是全球十大熱門旅遊目的地城市，主要旅遊景點有世界之窗、歡樂谷、深圳紅樹林、東部華僑城、蓮花山、筆架山、梧桐山、羊台山、鳳凰山、大小梅沙、仙湖植物園、東門老街、大鵬灣、中英街、歡樂海岸、大鵬所城等。

第十章

邊疆地帶

漫長的邊境線

邊疆，通常指毗鄰國界的連續地域，具有鄰接國家、國界線和邊疆地區的自然、歷史、經濟及社會諸方面的地理特徵。

邊疆包括陸疆和海疆。陸疆，指沿陸地國境內側一定寬度的地域。海疆，指臨海的疆界。

中國有着漫長綿延的陸地邊界線，東起中朝邊界的鴨綠江口，經過黑龍江、阿爾泰山、帕米爾高原、喜馬拉雅山、高黎貢山到中越邊界的北侖河口，總長度約 2.2 萬千米，這是世界上最長的陸地邊界線之一。中國的陸地邊境地區總面積達 212 萬平方千米，約佔全國總面積的 22%。

中國陸地邊境地區與 14 個國家接壤。東北部的遼寧、吉林、黑龍江、內蒙古東部地區，毗鄰朝鮮、俄羅斯和蒙古國東部；西北部的內蒙古西部地區、甘肅、新疆，毗鄰蒙古國西部、俄羅斯、哈薩克斯坦、吉爾吉斯斯坦、塔吉克斯坦、阿富汗、巴基斯坦等國；西南部的西藏、雲南、廣西，毗鄰印度、尼泊爾、錫金、不丹、緬甸、老撾、越南等國。

邊關颯颯旌旆風。中國內陸邊界線，大體可分為三段，即

東北部邊界線段，西北部邊界線段和西南部邊界線段。中國陸地邊疆地帶，分佈在東北、內蒙古、西北、西南地區，包括黑龍江省、吉林省、遼寧省，內蒙古自治區、甘肅省、新疆維吾爾自治區、西藏自治區、廣西壯族自治區和雲南省，涉及 45 個地級行政區和 140 個縣級行政區。

基於地理位置及空間結構的不同，中國陸地邊疆地帶展現出區域差異性。邊疆地帶，全面地涵蓋地形地貌的多樣性和複雜性。其耕地資源，可用於現代化的農業生產；牧場資源，可開展高品質的牧業經營和牧場旅遊業；多種礦產資源，是外貿出口具有戰略意義的資源。邊疆的這些資源，在自然地理方面具備經濟、社會多元發展的可能性。同時，由於陸地邊疆地帶地處邊陲，在帶來地緣優勢的同時，又蘊含地理意義與國家安全意義方面的複雜性、特殊性。

中國的各處陸地邊疆地帶，具有各自的特點。

東北邊陲的吉林省，擁有十個邊境縣市，黑龍江省擁有 18 個邊境縣市，吉林省、黑龍江省與朝鮮、俄羅斯毗鄰，自然資源豐富，素有「東北糧倉」之稱，土地資源、林業資源、牧業資源、能源資源等儲量，在全國排名靠前，是重要的農業生產基地和林木資源來源倉庫。

內蒙古自治區，經度跨度大，橫跨東北、華北和西北三大區域，以高原地形為主，包括呼倫貝爾、錫林郭勒等六大高原，北部與蒙古國和俄羅斯接壤，國境線長達 4200 多千米，是中國陸地邊境與鄰國接壤的邊境線最長的省級行政區劃之一。

西北地區的新疆維吾爾自治區，邊境線長達 5400 多千米，分別與蒙古國、俄羅斯、哈薩克斯坦、吉爾吉斯斯坦、塔克斯坦、

阿富汗、巴基斯坦和印度接壤或毗鄰。自然資源豐富，礦產資源眾多，草場面積和耕地面積廣闊。新疆是中國與南亞、中東、地中海、歐洲等地進行貿易往來的重要陸上通道。

西南地區的雲南省和廣西壯族自治區，擁有沿邊、沿海並面向東南亞的地緣優勢，日益成為東盟自由貿易區的橋樑。雲南省分別與緬甸、老撾和越南接壤，邊境線長達 32078 千米，邊境地區森林儲量大，植被覆蓋率高，礦產資源種類繁多。

在中國綿延萬里的陸地邊境線上，邊境地區通過邊境口岸系統與鄰國開展人員、經貿往來。東北地區的邊境口岸，系統設施較為完善，形成了以綏芬河、東寧、琿春、臨江為主的一類公路口岸，以綏芬河、集安、圖們為主的一類鐵路口岸和以黑河、漠河、大安港為主的一類水運口岸。內蒙古自治區二連浩特和滿洲里的鐵路、公路建設，以及內蒙古與俄羅斯界河上的水上航運建設，都為邊境貿易的開展打下良好基礎。目前，新疆維吾爾自治區在邊境地區的 5400 千米邊境線上，開放了 14 個正式口岸，其中一類口岸 10 個，二類口岸 4 個。西南地區的雲南省，重視公路、水路交通建設，與緬甸、老撾、越南等國家之間建設了多條出境公路；利用瀾滄江—湄公河開通了直接的水上航運貿易。廣西壯族自治區陸地邊境線長達 1020 千米，目前開放的口岸包括一級口岸憑祥、友誼關、東興、水口以及很多互市市場和過貨通道。

東疆春城延吉

東北邊疆的延吉市，是吉林省延邊朝鮮族自治州下轄縣級

市、自治州首府，位於吉林省東部、長白山脈北麓，地理坐標介於北緯 42°50′至 43°23′、東經 129°01′至 129°48′之間。延吉市全市總面積為 1748.3 平方千米，截至 2022 年，延吉市戶籍人口 55.78 萬人，其中朝鮮族人口 30.79 萬人，佔總人口的 55.2%。

延吉市位於吉林省東部、長白山脈北麓，東、南、北三面環山，西面開闊，中間平坦，為呈馬蹄狀的盆地。延吉平均海拔高度 150 米，地勢北高南低，地形為丘陵狀起伏。延吉市境內的河流，皆為圖們江支流，主要有布爾哈通河、海蘭江、朝陽河和煙集河。延吉區域內土質，主要為灰棕壤土、水稻土、沖積土、草甸土和黑土等。

延吉歷史悠久，據已發掘的新石器時代出土文物及兩千年前的《漢書》中記載，早在新石器時代，就有人類在延吉這塊土地上繁衍生息。唐朝及以前，延吉曾先後屬高句麗、渤海國轄地。元、明時代，延吉先後屬遼陽行省開元路、奴兒干都使司布爾哈圖等衛所。清代康熙十六年（1677 年），清朝廷藉「長白山一帶為先祖龍興之地」之名，將興京以東，伊通州以南，圖們江以北劃為禁山圍場，封禁長達 200 年之久。1714 年（清康熙五十三年），清政府設琿春協領，下設卡倫（哨所）15 處，隸屬於寧古塔副都統。次年，始建協領衙門於渾蠢水（即琿春河）之北，並開始建城。雍正七年（1729 年），琿春協領隸屬寧古塔副都統。同治九年（1870 年），屬吉林將軍。光緒七年（1881 年），朝鮮及中國山東、河北一帶遭大災，災民大批遷入延吉，清朝逐廢除封禁令，在南崗設立招墾局。撤銷協領，改設琿春副都統，延吉全境歸琿春副都統管轄。光緒二十八年（1902 年），隨着人口日增，清朝在局子街設延吉廳。宣統元年（1909 年），吉林東南路

兵備道台公署移住局子街，延吉廳升為延吉府。1912 年，延吉府改稱為延吉縣。1945 年抗日戰爭勝利後，延吉劃歸吉合區行政委員會延邊地區管轄，為延邊地區行政公署駐地。1946 年 1 月，延吉街歸吉遼省吉東分省延吉縣管轄。1947 年 2 月 15 日，劃出延吉等 4 個縣，恢復延邊專區。1948 年 7 月，吉林省政府決定，設延吉市（區級市），隸屬於延吉縣。1949 年，成立延吉市人民政府。1952 年 9 月 3 日，成立延邊朝鮮族自治區（1955 年改稱自治州），延吉是自治區人民政府（後為自治州人民委員會）所在地。1953 年 5 月，將延吉市從延吉縣劃出，設立縣級延吉市。1985 年 1 月，國務院批准延吉市為全國甲級開放城市。截至 2021 年，延吉市下轄六個街道、四個鎮、一個林業局、一個農場、一個種場、一個集中區。

延吉由於地處高緯度地帶的山林盆地，故呈大陸性氣候特點。春季乾燥多風，夏季溫熱多雨，秋季涼爽少雨，冬季漫長寒冷，屬中溫帶半濕潤氣候區。年平均氣溫 5.5℃，全年無霜期 160 天，年平均降水量 479.0 毫米，平均日照 2447.2 小時，年結冰日 164 天。

延吉地處長白山區，森林、礦產、土特產資源豐富。延吉有 700 多平方千米茂密的森林和肥沃的草原，900 餘種經濟植物和數十種珍貴野生動物；人參、貂皮、鹿茸被譽為東北三寶；盛產蘋果梨、人參、鹿茸、煙葉及各種山野菜。延吉市地下有儲量大、品種多、質地好的煤炭、石油、天然氣、大理石、麥飯石、矽灰石等多種礦產。延吉種植和養殖資源主要有水稻、玉米、大豆、蔬菜、家畜、家禽、參茸及熊膽等。

延吉市有直通朝鮮羅津港、俄羅斯波謝特港、俄羅斯扎魯比

諾港的公路。延吉市有分別通往朝鮮和俄羅斯的國際鐵路線。延吉以北有通往黑龍江省牡丹江的鐵路與內蒙古至烏蘇里斯克和符拉迪沃斯托克（俄羅斯）的西伯利亞鐵路連接，向東與圖們—南陽（可抵達朝鮮羅津港）國際鐵路相連，圖們—琿春至俄羅斯馬哈林諾（可抵達俄羅斯扎魯比諾港）鐵路已實現接軌。延吉朝陽川機場有飛往韓國、朝鮮、俄羅斯等地的國際航班。

延吉市是一座具有朝鮮族民族特色的邊疆開放城市，素有「歌舞之鄉」之稱，人人皆可起舞，處處可聽佳音。延吉是美食、購物者的天堂，美味的火鍋、「金達萊冷面」、炭火自助燒烤、打糕鹹菜等風味讓人胃口大開，日韓商品、民族風格飾物讓人流連忘返。延吉市是中國朝鮮族聚居的城市，優美淳厚、色彩斑斕、源遠流長的中國朝鮮族民俗文化和民俗飲食，構成一道享譽中外的別樣風景。

西部邊城霍爾果斯

新疆維吾爾自治區霍爾果斯市，是新疆伊犁哈薩克自治州代管的縣級市，行政區域面積 1908.55 平方千米。2021 年 5 月，霍爾果斯市人口數量為 6.48 萬人，四個街道辦事處，一個民族鄉，一個牧場，兩個兵團團場，是集邊境區、口岸城、商貿型、國際化特點為一體的綜合性城市。霍爾果斯的地名，來源於蒙古語，原意為「地多乾駱駝糞」，也可以稱為「最佳遊牧地」。

霍爾果斯市位於伊犁河谷谷口，中心位於東經 80°29′，北緯 44°14′，地處國道 312 線、隴海—蘭新鐵路國際新通道的最西

端，距新疆維吾爾自治區首府烏魯木齊市 670 千米，距伊犁自治州首府伊寧市 90 千米，距哈薩克斯坦原首都阿拉木圖市 378 千米，距哈薩克斯坦最近的城市雅爾肯特 35 千米。

霍爾果斯市平均海拔 750—840 米之間，地勢由北向南傾斜，坡度在 1.7% 左右，東西向基本平行於等高線。以卡拉蘇河為界，河西是霍爾果斯河河牀，為河漫灘地，地面以卵石為主，河東地勢較平坦，有 1—2 米厚的亞砂黏土層，其下為卵石層。霍爾果斯歷年最大積雪深度 30—40 厘米，最大凍土深度為 92 厘米，土壤類別有三大類、六個亞類、18 個土種。

由於受北天山和南天山的阻攔，霍爾果斯市氣候具有溫暖濕潤的特點，年平均氣溫 8℃，無霜期 179 天，氣候類型為大陸性乾旱、半乾旱氣候。年平均降水量 203.8 毫米，蒸發量 1877.5 毫米，年平均氣溫 8.9℃，極端最高氣溫 38.5℃，極端最底氣溫 -37.4℃，大於 10℃的積溫為 3911℃。無霜期平均 169.6 天，一般初霜在 9 月下旬，終霜在翌年的 4 月中旬。歷年各月最大積雪深度 30—40 厘米，最大凍土深度為 92 厘米。年日照在 2250—3000 小時，霍爾果斯春季盛行東北風，夏季盛行東風，秋冬兩季以北風為主；全年最多風向為東北風，春季風大，夏季次之，冬季最小；年平均風速在 1.7—2.7 米／秒之間。

霍爾果斯市主要的河流，有霍爾果斯河、卡拉蘇河和東風幹渠。其中霍爾果斯河為口岸主要河流，也是地表水飲用水源，發源於西天山山脈 4200 米的別珍套山，由積雪融化及降雨匯流而形成，水質較好，全年各時段均能達到《地表水環境質量標準》II 類標準。卡拉蘇河係霍爾果斯河下游支流，緊靠霍爾果斯口岸西南邊緣，河西為古河牀，因上游截流引水灌溉，平時無水，僅作

為洩洪河流。東風幹渠同樣來源於霍爾果斯河，沿東風路流經霍爾果斯口岸，係農田灌溉渠道。

霍爾果斯市面積約 3030 平方千米，有耕地 65 萬畝，可墾荒地五萬畝，草地一萬畝，水域六萬畝。霍爾果斯市野生植物有蘆葦、野麻、甘草、貝母、蒼耳等，天然林約 18.6 萬畝，人工林 25 萬畝。有分佈廣泛、品種繁多的野果林。霍爾果斯市礦產資源中煤儲量最為豐富。

漢宣帝神爵二年（公元前 60 年），設立了漢朝對西域的直接管轄機構——西域都護府，霍爾果斯為西域都護府轄地。唐代，唐朝政府打通了天山北路的絲路分線，霍爾果斯成為絲路中段北道上的一個重要驛站。清代初年，霍爾果斯是中國境內的駐防之地，為伊犁索倫營駐防的六座卡倫之一。清朝同治年間中俄劃界後，才成為邊境哨卡，舊稱尼堪卡。《新疆圖志》載：「尼堪卡倫，在河之東岸，駐稽查委員一，鎮守哨弁一。西岸屬俄，有俄卡。」清朝咸豐元年（1851 年），中俄兩國代表在伊犁簽訂《伊犁塔爾巴哈台通商章程》，正式開放伊犁、塔城兩個口岸，霍爾果斯被指定為中俄通商通道之一。光緒七年（1881 年），中俄簽訂了《中俄改定陸路通商章程》，霍爾果斯成為中俄兩國之間的正式通商口岸。1917 年俄國十月革命爆發後，霍爾果斯口岸關閉；1920 年恢復開放。抗戰時期，由於海上交通被切斷，大量物資由霍爾果斯口岸進口。1937 年，抗日戰爭爆發後，由於海上交通被切斷，大量物資由霍爾果斯口岸進口。

中華人民共和國成立後，霍爾果斯口岸由於其優越的地理位置，成為中蘇貿易的西部最大口岸。1981 年 12 月，國務院批准恢復新疆同蘇聯貿易直接在邊境口岸交換貨物，並確定霍爾果斯口

岸為對蘇開放的貨物交接口岸。1983 年 11 月，經國務院批准，霍爾果斯口岸正式恢復開放。2010 年 5 月，中央正式批准霍爾果斯設立經濟特區。

霍爾果斯口岸與哈薩克斯坦隔霍爾果斯河相望，距新疆維吾爾自治區首府烏魯木齊市 670 千米，距哈薩克斯坦原首都阿拉木圖市 378 千米。霍爾果斯口岸是千年驛站，古絲綢之路的必經地之一，中國向西對外開放的重要窗口，「一帶一路」的橋頭堡。

中哈霍爾果斯國際邊境合作中心，是 2003 年中哈兩國領導人達成的重要合作共識。2005 年，兩國正式簽署《關於霍爾果斯國際邊境合作中心活動管理的協定》，2006 年國務院正式批覆成立，是中國建立的首個跨境邊境合作區，總面積 5.6 平方千米，其中中方區域的 3.43 平方千米，哈方區域 2.17 平方千米。2012 年 4 月正式封關，實行一線放開、二線管住的「境內關外」管理模式。主要功能是貿易洽談、商品展示和銷售、倉儲運輸、賓館飯店、商業服務設施、金融服務、舉辦各類區域性國際經貿洽談會。

隨着對外開放的力度加大，霍爾果斯市作為絲綢之路經濟帶上重要樞紐的地位日漸突顯，目前已經成為集亞歐公路、鐵路、光纜、郵政、管道「五位一體」的國際綜合交通樞紐。

中尼邊關聶拉木

聶拉木縣，地處東經 85°27′—86°37′，北緯 27°55′—29°08′之間，位於喜馬拉雅山與拉軌崗日山之間，西藏日喀則地區西南部，喜馬拉雅山脈北麓，少部分地區位於喜馬拉雅山脈南側。

聶拉木，藏語意為「頸道」，是中國西藏自治區邊境縣之一。聶拉木縣總面積 8684.39 平方千米，其中耕地面積 2 萬畝，森林覆蓋面積 12.69 萬畝，草場面積 800 萬畝。

聶拉木縣東鄰西藏定日縣，南以喜馬拉雅山脈分界與尼泊爾毗鄰，西連西藏吉隆縣，北接西藏薩嘎縣、昂仁縣。縣城駐地距西藏自治區首府拉薩市 780 千米，距日喀則地區所在地 443 千米，距尼泊爾首都加德滿都 140 千米。聶拉木縣城駐地海拔 3810 米，聶拉木縣區劃總面積 7870 平方千米，南北最大距離 179 千米。

西藏民主改革前，聶拉木宗屬阿里轄區。1960 年 5 月正式建縣，劃歸日喀則地區管轄。2000 年，聶拉木縣轄兩個鎮、五個鄉。根據第五次人口普查數據，總人口 15479 人。其中樟木鎮 2852 人，聶拉木鎮 2607 人，亞來鄉 1406 人，瑣作鄉 2992 人，乃龍鄉 1211 人，門布鄉 2427 人，波絨鄉 1984 人。

聶拉木屬高原溫帶半濕潤氣候區，氣溫偏低，冬季寒冷。南北高差懸殊，氣候差異大，南部溫暖濕潤，北部乾冷。降水較充沛，主要集中在夏秋兩季。日照充足，無霜期短。年日照時數 2638.9 小時，年無霜期 170 天左右，年降水量 617.9 毫米。

聶拉木縣境內分佈着眾多的河流和冰川、湖泊，水資源豐富。主要河流有波曲河和朋曲河。朋曲河流經北部的部分鄉，由西向東流入定日縣境內，縣內主要支流有斗曲河、藏拉河。波曲河環繞縣城流經樟木至尼泊爾匯入印度洋，水域面積 686.67 平方千米。有佩枯錯、達熱錯、浪強錯、郭駱錯、崗西錯等湖泊。聶拉木境內植物資源豐富，植物總數有 2348 種，其中國家重點保護植物，有長蕊木蘭、西藏延齡草、天麻、錫金海棠、參三七等，

盛產冬蟲夏草、貝母、三七、當參、雪蓮、靈芝菌、黃芪等名貴藥材 130 餘種。珍貴用材樹種有樟科、殼斗科、松科、木蘭科等。聶拉木縣野生動物種類繁多，聶拉木有動物品種 273 種，其中國家重點保護動物 33 種、國家一類保護動物 11 種，有雪豹、野驢、獐子、猴、黃羊、猞猁、盤羊、水獺、野豬、草羊、麝、小熊貓、藏原羚、黑頸鶴、藏雪雞、棕尾虹雉等。境內蘊藏的礦產資源有黃金、寶石、鉛、煤等。

聶拉木縣的著名景點，有米拉日巴修行洞、希夏邦馬峰、佩枯錯等。米拉日巴洞，是藏傳佛教噶舉派第二代祖師米拉日巴修行之地。海拔 8027 米的希夏邦馬峰，是唯一一座完全在中國境內的 8000 米級高峰，在世界 14 座 8000 米級高峰中排名第 14 位。佩枯錯，位於聶拉木縣境內，是日喀則地區最大的湖泊，面積 300 多平方千米。

從聶拉木縣城到樟木鎮路程 30 千米，直線距離不到 18 千米，海拔高度落差達 2000 多米，從半乾旱高原灌叢草原生態系統，急速過渡到亞熱帶濕潤山地森林生態系統，可以在一個小時車程內，領略從高山雪原到鳥語花香的自然景觀。樟木鎮波曲河沿岸的德慶塘地西側，山峰如斧劈刀削，萬飛瀑布從天而降，原始森林枝繁葉茂，峽谷中雲霧繚繞，百花吐艷，是西藏著名的旅遊勝地。

樟木鎮，地處中尼邊境喜馬拉雅山中段南麓溝谷坡地、聶拉木縣南隅波曲（河）濱，海拔 2300 米，是一座依山而建的小鎮，面積 430 平方千米，人口 1680 人。現代化建築和一些古老的木結構房屋，依山交替地散落在樟木盤山而下的公路兩側。

樟木，藏語意為「鄰近、旁邊」，1960 年始建樟木鄉，1974

年改公社，1983 年復鄉。1988 年撤區併鄉時，將樟木、貢巴沙巴鄉合併改置樟木鎮。樟木鎮農產青稞、小麥、玉米、油菜籽等，畜產犛牛、藏系綿羊、山羊等。

樟木設有西藏自治區重要的通商口岸樟木口岸，建在波曲（河）上的友誼橋，為中尼公路的終點，是中國與尼泊爾陸路貿易的主要通道。

1792 年，聶拉木充堆口岸成為通商集鎮，已有 200 多年的歷史。聶拉木縣樟木口岸與尼泊爾接壤，總面積約 70 平方千米，平均海拔 2300 米，最低海拔（友誼橋）1728 米，對內輻射西藏及相鄰省區，對外輻射尼泊爾及毗鄰國家和地區，是西藏目前最大的邊貿中心口岸。

樟木鎮轄域面積 70 平方千米，轄四個居委會，總人口 1497 人，其中夏爾巴人 736 人。夏爾巴人，藏語的意思是「來自東方的人」，與中國的藏族有着深遠的歷史淵源，他們操藏語方言，主要居住在尼泊爾北部的高山地帶。夏爾巴人在人類攀登珠峰史上功不可沒，書寫了濃墨重彩的一筆。中國西藏現也有不少夏爾巴族人，主要居住在中尼邊境樟木鎮的立新村（包括雪布崗）和定結縣的陳塘區。居住在中國境內的夏爾巴人人口有 12000 多人。

立新村位於珠峰保護區南大門至聶拉木口岸的東南側，距樟木鎮約三千米，是聶拉木縣僅有的幾個夏爾巴人居住區之一。立新村東側是平均海拔 5800 米的巴熱康日雪山，西緣與南則是深邃險竣的波區和宗曲峽谷，區內山高谷深，地勢差異極大。印度洋暖溫氣流沿南北走向的波達柯西河谷直接影響這一地區，年降水量在 2000 毫米以上，氣候溫暖濕潤，森林郁密，成為以山地亞熱

帶常綠、半常綠闊葉林為特色的著名森林景區。

南疆小城防城港

　　防城港，是廣西壯族自治區下轄地級市，位於廣西南部，北回歸線以南，東鄰欽州市，南臨北部灣，西與寧明縣為界，北接扶綏縣，東北連南寧市邕寧區，行政區域總面積 6238.62 平方千米。截至 2020 年，防城港市轄兩個市轄區、一個縣，代管一個縣級市。截至 2021 年年末，全市戶籍人口 101.92 萬人。

　　防城港市地處東經 107° 28′—108° 36′，北緯 20° 36′—22° 22′，居北回歸線以南，大陸海岸線 584 千米，邊境線 200 多千米。其轄區的東興市（縣級市）與越南的廣寧省接壤。

　　防城港市歷史上是從防城、上思兩縣演變而來。防城歷史悠久，根據考古發現，遠在 5000 多年前的新石器時代，就有先民就在這塊美麗的土地上生息、繁衍。先秦時期，這一帶屬於百越之地。秦始皇統一嶺南後，歸屬秦置象郡。漢代為合浦郡地。三國至晉，仍屬於合浦郡地（三國期間為吳國轄地）。南朝宋、齊時，為宋壽縣地，屬交州管轄。梁、陳時，為宋京郡安京縣地，屬安州管轄。隋、唐時，為欽州轄地。宋時，仍隸屬欽州管轄，並開始有「防城」之稱。元、明、清時，隸屬欽州或廉州。至清朝光緒十四年（1888 年），設置防城縣，隸屬廣東。民國時期至中華人民共和國建國初，仍屬廣東省屬。防城縣 1951 年至 1955 年 6月劃屬廣西，1955 年 7 月至 1965 年 7 月歸廣東，其間，1957 年將防城縣劃分為十萬大山僮族瑤族自治縣、防城縣。1958 年 5 月，

經國務院批准，十萬大山僮族瑤族自治縣更名東興各族自治縣，1958 年 12 月，防城縣、東興各族自治縣合併後，稱東興各族自治縣，縣城設在東興鎮。1965 年 8 月，東興各族自治縣又劃歸廣西壯族自治區。1978 年 11 月，經國務院批准，縣城從東興鎮遷到防城鎮，縣名改為防城各族自治縣。1984 年國務院批准防城港與北海市等一起列為全國 14 個沿海開放城市。1993 年，國務院批准撤銷防城各族自治縣和防城港區，設立地級防城港市。防城港市轄防城、港口兩個區和上思縣。

防城港地處北部灣，具有明顯的海洋性季風氣候特點。該地區常風向為北北東，出現頻率為 30.5%，次常風向為西西南，出現頻率為 8.4%，強風向為東風，出現頻率為 4.7%。港內有羣山環繞，風力不大，多年平均風速為 5 米 / 秒，強風風速一般為 20 米 / 秒；熱帶風暴年平均一次，最多 3 次，多發生在 6—9 月份，風力一般為 8—10 級。每次風暴持續的時間不長，最多兩天，一般為半天至一天即可解除。

防城港地處低緯度地區，受海洋和十萬大山山脈的共同影響，雨量較充足。該地區降水主要集中每年的 6—9 月份，佔全年降水量的 71% 左右，年最大降水量為 3111.9 毫米，年最少降水量為 1745.6 毫米，多年平均降水量是 2362.6 毫米；一日最大降水量為 244.1 毫米，日平均降水量在 25 毫米的每年為 26.5 天。年平均雷暴日數為 85.2 天。防城港霧天較少，平均每年為 10 天左右，最多 23 天，最少 4 天。霧氣一般發生在冬末春初之間的清晨及夜晚，濃度較薄，晨霧一般維持 2—3 小時，日出霧氣消散。歷年平均氣溫為 22.5℃，歷年最高氣溫為 36.5℃，每年的七月份最熱，月平均氣溫為 27.6℃ —29.1℃ 之間，歷年最低氣溫為 2.8℃，

最低氣溫多在冬末春初之間。

防城港為混合潮港，每月小潮汛有 6—8 天，屬不正規半日潮，其餘為正規日潮。大、中潮為正規日潮，小潮為不正規半日潮。其特點是：當全日潮顯著時，最高潮位 5.54 米，平均高潮位 3.82 米，最大潮差 5.39 米，平均潮差大於 4.5 米，漲潮延時 15 小時，落潮延時 9 小時，利於沖淤航道；當半日潮顯著時，潮差小於 1 米，最低潮為 0.79 米。持續 2 小時以上的潮位全年天數分別是：潮高 2.8 米為 338 天，潮高 3 米為 315 天，潮高 3.5 米為 251 天，潮高 4 米為 140 天，潮高 4.5 米以上為 28 天。

防城港市屬南亞熱帶季風氣候，吹夏季訊風的時間長，受海洋濕熱氣流影響大，雨季較長，雨量充沛，水資源豐富。由於十萬大山的地形作用，北面的上思縣雨量相對較少（年均雨量 1300 毫米），南面的防城則雨量較多，是廣西乃至全國最多的地區和暴雨中心之一。年均降雨量 2823 毫米，年均降雨天數為 176 天。

防城港市擁有四萬多平方千米海域，海產品遠銷歐美日韓等國。

十萬大山自東向西橫亙防城港市腹部，山地廣闊，土層深厚，自然肥力較高，氣候濕潤。山林所涵養的水分，在境內匯成十多條主要河流，全長 400 多千米，年經總水量 80 億立方米以上。河流上游落差大，水勢急，水量大，不僅有利於發電，還有利於灌溉等。河流中下游，一般比較平坦、開闊，可用於航運。據測算，水能蘊藏量達 45 萬千瓦，可開發水電裝機容量也有 15 萬千瓦以上。

防城港森林覆蓋率達 59%，擁有世界唯一的國家級金花茶自然保護區和中國最大、最典型的海灣紅樹林，是國際間候鳥遷徙

的重要通道。企沙半島三面環海，腹地廣闊，開發成本低，環境容量大，被權威專家認定為「中國大陸海岸線最後一段還沒有得到有效開發的黃金海岸線」。

防城港境內森林資源共有 1500 多種，如松、杉等用材林以及國家一級保護樹種金花茶，國家二級重點保護樹種紫荊木、萬年木、野荔枝、廣柏等，國家三級重點保護樹種竹葉楠、土沉香、香花木。

防城港市有哺乳動物、鳥綱動物、兩栖動物、爬行動物等 28 目，80 科，269 種。列為國家一級和二級保護的哺乳類動物有蜂猴、黑葉猴、小水獺、金貓、雲豹、獐、穿山甲、蘇門羚等 21 種；列為二級保護的鳥類有鵑、原雞、綠嘴地鵑、大山雀等八種；列為二級保護的兩栖類爬行類動物有虎紋蛙、地龜、巨蜥、蟒蛇等六種。

防城港是中國沿海 12 個主樞紐港之一，是西部第一大港，中國大陸重要的鐵礦石、建材及煤炭等重要戰略物資的中轉基地。港口現有碼頭泊位 36 個，其中萬噸級以上深水泊位 22 個，擁有 20 萬噸級礦石碼頭和西部地區唯一的專業集裝箱碼頭等一批現代化大型港口設施設備，可建萬噸級以上泊位 200 多個，設計年吞吐能力達 10 億噸。已開通至香港、海防、新加坡、釜山、東京的多條國際集裝箱航線，與 80 多個國家和地區的 220 多個港口通航。

防城港市有五個國家級口岸，其中，東興口岸是中國陸路邊境通關人數最多的口岸，具備建設大型物資中轉中心、物流港口和出口加工區的良好條件，與 147 個國家和地區實現貿易往來。廣西 70% 的關稅在防城港實現，居中國陸路邊境口岸前列。

第十一章

港澳台灣

中國香港

　　中國香港，全稱中華人民共和國香港特別行政區。1997年7月1日，中華人民共和國恢復對香港行使主權，香港特別行政區成立。香港是全球第三大金融中心，與紐約、倫敦並稱為「紐倫港」，有「東方之珠」「美食天堂」「購物天堂」等美譽。

　　香港自古以來就是中國的領土。1841年第一次鴉片戰爭後，英國強佔香港島。1842年清政府與英國簽訂不平等的《南京條約》，割讓香港島給英國。1860年，中英簽訂不平等的《北京條約》，割讓九龍半島界限街以南地區給英國。1898年，英國強迫清政府再訂條約，租借九龍半島界限街以北地區及附近262個島嶼，租期99年（至1997年6月30日結束）。1997年7月1日，中華人民共和國恢復對香港行使主權，香港特別行政區成立。中央政府對香港擁有全面管治權，香港保持原有的資本主義制度長期不變，並享受外交及國防以外所有事務的高度自治權。「一國兩制」「港人治港」、高度自治是中國政府的基本國策。

　　據2021年5月11日第七次全國人口普查結果，截至2020年11月1日零時，香港特別行政區人口為7474200人。香港人口以

華人為主，佔香港人口接近 95%，大部分原籍廣東。

香港地處中國華南地區，珠江口以東，南海沿岸，北接廣東省深圳市，西接珠江，與澳門特別行政區、廣東省珠海市以及中山市隔着珠江口相望，全境由香港島、九龍半島、新界等三大區域組成。

香港地理坐標為東經 114°15′，北緯 22°15′，地處華南沿岸，在中國廣東省珠江口以東，由香港島、九龍半島、新界內陸地區以及 262 個大小島嶼（離島）組成。香港北接廣東省深圳市，南面是廣東省珠海市萬山羣島。香港與西邊的澳門隔海相對，距離為 61 千米，北距廣州 130 公千米、距上海 1200 千米。

香港三大部分的面積分別是：香港島約 81 平方千米；九龍半島約 47 平方千米；新界及 262 個離島約共 976 平方千米。香港管轄總面積 2755.03 平方千米，其中陸地面積 1104.32 平方千米，水域面積 1650.64 平方千米。

香港地形主要為丘陵，最高點為海拔 958 米的大帽山。香港的平地較少，約有兩成土地屬於低地，主要集中在新界北部，分別為元朗平原和粉嶺低地，都是由河流自然形成的沖積平原；其次是位於九龍半島及香港島北部，從原來狹窄的平地外擴張的填海土地。雖然習慣一名取自香港島，但香港最大的島嶼卻是面積比香港島大兩倍多的大嶼山。

香港屬亞熱帶氣候，全年氣溫較高，年平均溫度為 22.8℃。夏天炎熱且潮濕，溫度約在 27—33℃ 之間；冬天涼爽而乾燥，但很少會降至 5℃ 以下。5—9 月間多雨，有時雨勢頗大。夏秋之間，時有颱風吹襲，7—9 月是香港的颱風較多的季節，但由 5—11 月期間都有可能受不同強度的熱帶氣旋吹襲。在北太平洋西

部、東海及南海上，每年平均有 30 個熱帶氣旋形成，其中半數達到颱風強度，最高風速為每小時 118 千米或以上。香港平均全年雨量 2214.3 毫米，雨量最多月份是 8 月，雨量最少月份是 1 月。此外，香港市區高樓集中而密佈、人口稠密，所形成的微氣候容易產生熱島效應，導致市區和郊區有明顯的氣溫差別，高層大廈林立的市區讓空氣中的「懸浮粒子」較難吹散。

香港地區處於潮濕的亞熱帶環境，涇流豐富，地表水系發達。但水系作用範圍有限，無大河流。除作為香港與深圳界河的深圳河外，主要有城門河、梧桐河、林村河、元朗河和錦田河等，絕大多數河流長度均不超過 8 千米，流速及流量與季節性降雨量密切相關，年中極不穩定。旱季難以維持水流或斷流，河牀畢露或部分露出，濕季則極易達到滿岸水位，氾濫成災。深圳河發源於深圳梧桐山牛尾嶺，自東北向西南流入深圳灣，出伶仃洋。全長 37 千米，流域面積 312.5 平方千米，其中深圳一側為187.5 平方千米，香港一側為 125 平方千米。香港境內的梧桐河是深圳河的主要支流。

香港經濟以服務業為主，與服務貿易有關的主要行業包括旅遊和旅遊業、與貿易相關的服務、運輸服務、金融和銀行服務及專業服務。截至 2005 年，香港有 85.3% 的人從事服務行業，其中從事批發、零售、進口與出口貿易、飲食及酒店業的佔 34.4%；運輸、倉庫及通訊業 10.5%；金融、保險、地產及商用服務業佔15%；社區、社會及個人服務業佔 26%；從事製造業的只佔 5.3%。農業方面，香港主要出產少量的蔬菜、花卉、水果和水稻，飼養豬、牛、家禽及淡水魚，日常需要的農副產品近半數需中國內地供應。

香港城市以現代建築為主，大量摩天大樓分佈維多利亞港兩岸，高度逾 90 米的建築超過 3000 座。全球最高 100 棟住宅大樓中，最少一半位於香港。香港摩天大樓數目居世界首位。

中國澳門

中國澳門，全稱中華人民共和國澳門特別行政區，1999 年 12 月 20 日，中國政府恢復對澳門行使主權，澳門特別行政區成立。澳門位於中國大陸東南沿海，地處珠江三角洲西岸。北與廣東省珠海市拱北相接，西與珠海市的灣仔和橫琴相望，東與香港、深圳隔海相望，南臨中國南海。澳門由澳門半島和氹仔、路環二島組成，陸地面積 32.8 平方千米。

澳門特別行政區政府駐澳門半島風順堂區。澳門特別行政區以「堂區」作為行政區劃單位，澳門有七個堂區和一個無堂區劃分區域。但「堂區」並非正式的行政機構建置，不具法律地位。

據 2021 年 5 月 11 日第七次全國人口普查結果：截止 2020 年 11 月 1 日零時，澳門特別行政區人口為 683218 人。澳門漢族居民佔全區總人口的 97%，葡萄牙籍（包括土生葡人）及菲律賓籍居民佔 3%。澳門華人大部分原籍廣東。

澳門特別行政區位於北緯 22°11′，東經 113°33′，地處珠江三角洲的西岸，隔海東望即是香港，北方的澳門半島連接廣東珠海，而南方則是氹仔、路環和路氹城所組成的大島，屬海島市，暫未有正式的名稱。

澳門地貌類型由低丘陵和平地組成，地勢南高北低，澳門全

區最低點為南海海平面，海拔 0 米，最高點為路環島塔石塘山，海拔 172.4 米。澳門過去是廣東省中山市（古稱香山縣）南端的一個小島，屹立海中，與當代的離岸島嶼無異，其後由於西江的泥沙沖積，在澳門與大陸之間由於海水對流關係沖積成一道沙堤（蓮花莖，今關閘馬路），才與大陸相連接，成為一個半島。在澳門半島有蓮花山、東望洋山、炮台山、西望洋山和媽閣山，在氹仔島有觀音岸、大氹山（雞頸山）、小氹山，在路環島有九澳山、叠石塘山。

澳門海岸線長達 937.5 千米，形成了南灣、東灣、淺灣、北灣、下灣（以上位於澳門半島）、大氹仔灣（氹仔）、九澳灣、竹灣、黑沙灣、荔枝灣（以上位於路環）等多處可供船隻灣泊的地方。

澳門三面環海，一年中有兩次太陽直射，輻射強烈，蒸發旺盛，具有熱量豐富、水汽充足、高溫多雨的氣候特點，屬亞熱帶海洋季風氣候，同時亦帶有熱帶氣候的特性，年平均氣溫約 22.3℃，全年溫差變化在 11—14℃。2007 年全年平均氣溫為 23.2℃。春、夏季潮濕多雨，秋、冬季的相對濕度較低且雨量較少。颱風季節為 5—10 月，以 7—9 月最為頻密。澳門北靠亞洲大陸，南臨熱帶海洋南海，既受到來自大陸的中高緯大氣環流影響，也受來自海洋的低緯大氣環流影響，所以冬夏季環流轉換明顯，是典型的季風氣候區。

澳門自古以來就是中國的領土。早在春秋戰國時期，澳門已屬百越海嶼之地。秦朝時屬南海郡番禺縣地。晉朝屬新會郡封樂縣地。隋朝改屬寶安縣地。唐朝改為廣州東莞縣轄。自南宋開始，澳門屬廣州香山縣。元代屬廣東道宣慰司廣州路。明代屬於

廣州府。清朝後期屬廣肇羅道廣州府。

　　1553 年，開始有葡萄牙人在澳門居住。從 1557 年，葡萄牙人在明朝求得澳門居住權，但明朝政府仍在此設有官府，由廣東省直接管轄。1887 年，葡萄牙政府與清朝政府簽訂了《中葡會議草約》和有效期為 40 年的《中葡和好通商條約》（至 1928 年期滿失效）後，正式通過外交文書的手續佔領澳門。

　　1999 年 12 月 20 日，中華人民共和國對澳門恢復行使主權，澳門成為中華人民共和國的特別行政區，實行「一國兩制」「高度自治、澳人治澳」。

　　澳門經濟主要以第二產業和第三產業為主，外向度高，是中國國際貿易自由港之一，具有單獨關稅區地位，與國際經濟聯繫密切。澳門特區有外港、內港、氹仔臨時客運碼頭、九澳港、九澳貨櫃碼頭和九澳油庫等海運碼頭。澳門的博彩業在經濟中產生舉足輕重的影響，與蒙地卡羅、拉斯維加斯並稱為世界三大賭城。

　　由於獨特的地理位置和歷史背景，澳門文化是有深厚傳統內涵的中華文化和以葡萄牙文化為持質的西方文化共存的並行文化，是一種以中華文化為主、兼容葡萄牙文化的具有多元化色彩的共融文化。截至 2014 年底，澳門共有 10 個非物質文化遺產項目。以澳門舊城區為核心的澳門歷史城區，以相鄰的廣場和街道連接而成，包括 22 座建築及 8 個廣場前地，2005 年被列入《世界文化遺產名錄》，主要景點有：媽閣廟、港務局大樓、亞婆井前地、鄭家大屋、聖老楞佐教堂、聖若瑟修院及聖堂、崗頂前地、崗頂劇院、何東圖書館大樓、聖奧斯定教堂、民政總署大樓、議事亭前地、三街會館（關帝廟）、仁慈堂大樓、大堂（主教座堂）、盧家大屋、玫瑰堂、大三巴牌坊、哪咤廟、舊城牆遺址、大炮

台、聖安多尼教堂、東方基金會會址、基督教墳場、東望洋炮台。

澳門的其他景點有澳門大熊貓館、澳門旅遊塔會展娛樂中心、澳門漁人碼頭、媽祖文化村、關閘、金蓮花廣場、觀音蓮花苑、華士古達嘉瑪紀念像、冼星海紀念銅像、澳門檔案館、伊斯蘭清真寺及墳場。

中國台灣

中國台灣，位於中國大陸東南沿海的大陸架上，地處東經124°34′30″至119°11′03″，北緯21°45′25″至25°56′30″之間。北臨東海，東北接琉球羣島，東濱太平洋，南界巴士海峽與菲律賓羣島相對，西隔台灣海峽與大陸福建省相望。台灣自古就是中國神聖領土不可分割的一部分，台灣與祖國大陸兩岸同屬於一個中國的事實從未改變。

台灣由台灣本島與蘭嶼、綠島、釣魚島等附屬島嶼、周圍屬島以及澎湖列島兩大島羣，共80餘個島嶼所組成。陸地總面積35989.7573平方千米。其中，台灣本島南北長394千米，東西最寬處144千米，繞島一周的海岸線長1139千米，面積35788.0908平方千米，是中國第一大島。

截至2020年，中國台灣下轄22個市縣（6個台灣當局「直轄市」、3個市、13個縣），人口約2341萬。台灣民眾因祖籍地不同、遷居台灣的時間先後，形成不同族羣，分為閩南人、客家人、外省人、少數民族四大族羣，當地民眾習俗，大多是明清時期由福建、廣東移民帶入。台灣地區有98%的人口是來自祖國

大陸的漢族，約 2% 則是在 17 世紀漢族移入前即已定居的台灣高山族。台灣自古就是中國神聖領土不可分割的一部分。1949 年以來，由於中國內戰延續和外部勢力干涉，海峽兩岸陷入長期政治對立的狀態。儘管台灣與祖國大陸尚未統一，但中國主權和領土從未分割，兩岸同屬於一個中國的事實從未改變。

據古文獻記載，公元 230 年（三國吳黃龍二年），吳主孫權曾派將軍衛溫、諸葛直率領一萬水軍渡海到達台灣。隋煬帝曾三次派人到台灣「訪察異俗」「慰撫」當地居民。唐、宋朝 600 年間，福建泉州、漳州一帶居民，為了躲避戰亂兵禍，紛紛流入澎湖或遷至台灣，從事墾拓。至南宋時，澎湖劃歸福建泉州晉江縣管轄，並派有軍民屯戍，大陸和台灣之間在經濟、政治、文化等方面的聯繫日漸頻繁。1292 年（至元二十九年），元世祖忽必烈派海船副萬戶楊祥、禮部員外郎吳志鬥和珍部員外郎阮監到台灣「宣撫」。1335 年（後至元一年），元朝正式在澎湖設「巡檢司」，管轄澎湖、台灣民政，隸屬福建泉州同安縣。15 世紀以後，倭寇不斷騷擾中國東南沿海地區，明朝政府在澎湖增設「游擊」，「春秋汛守」；同時在基隆、淡水二港駐屯軍隊。17 世紀 20 年代的明朝末葉，大陸居民開始大規模移居台灣。1642 年，荷蘭人奪取了西班牙人在台灣北部的據點，台灣自此淪為荷蘭殖民地。1661 年（清順治十八年），鄭成功率領 2.5 萬名將士及數百艘戰船經過激戰，收復荷蘭殖民者侵佔的台灣寶島。1683 年（清康熙二十二年），清政府派軍進攻台灣，鄭成功之孫鄭克塽率眾歸順。1684 年，清政府在台灣設一府三縣，隸屬福建省。1895 年，中日甲午戰爭之後，清政府與日本簽訂《馬關條約》，台灣淪為日本的殖民地。1945 年，日本無條件投降，台灣及澎湖列島重回中國版

圖。1949 年，國民黨內戰失敗、退踞台灣。

台灣島面積 35882.6258 平方千米，是中國第一大島、世界第 38 大島嶼，南北縱長約 395 千米，東西寬度最大約 145 千米，環島海岸線長約 1139 千米，含澎湖列島總長約 1520 千米，扼西太平洋航道的中心，是中國與亞太地區各國海上聯繫的重要交通樞紐及重要戰略要地。現今的台灣地區範圍，包括台灣島及其附屬島嶼、澎湖列島金門羣島、馬祖列島、東沙羣島、烏丘列嶼、南沙羣島的太平島與中洲礁及周圍附屬島嶼。

台灣島地形，中間高，兩側低。以縱貫南北的中央山脈為分水嶺，分別漸次地向東、西海岸跌落。但由於高山多集中在中部偏東地區，就形成了東部多山地，中部多丘陵，西部多平原的地形特徵。

台灣本島是一個多山的海島，高山和丘陵面積佔 2/3，平原不到 1/3。中央山脈、玉山山脈、雪山山脈、阿里山脈和台東山脈（又稱海岸山脈）是島上的五大山脈。這些山脈的走向與祖國大陸沿海地區的山脈走向一致，都是有規律地從東北向西南方向平行排列。

台東山地由中央、玉山等五條山脈組成高原狀地區，面積約 22914.74 平方千米。中央山脈偏於本島東側，縱貫南北，長達 320 千米，寬 80 多千米，諸主峰高度均在海拔 3000 米以上，成為全島的脊樑和分水嶺。台灣海拔 3500 米以上的高峰有 16 座。玉山山脈的主峰玉山，高 3997 米，為台灣第一高峰，也是中國東部沿海地區的最高峰。山頂終年積雪，四周雲霧繚繞，銀裝素裹。阿里山脈山勢比較平緩，主峰大塔山頂部平坦，是著名風景區。山地之中也有不少盆地和狹窄的平原，較大的有宜蘭平原，面積

300 平方千米。除了山脈之外，台灣還是一個多火山的島。著名的有大屯山火山羣、基隆火山羣、澎湖火山羣等。

台中丘陵，由阿里山脈以西呈帶狀分佈的丘陵和盆地組成。東部為丘陵，西部為盆地。盆地主要有台北盆地、台中盆地、埔里盆地、日月潭盆地等。台北盆地約 245 平方千米，台中盆地約 400 平方千米，均為重要的農業區。

台西平原，由西部濱海地帶的沖積地所組成，北窄南寬，面積約 8000 多平方千米，主要有嘉南平原和屏東平原。嘉南平原北起彰化，南至高雄，長 180 千米。最大寬度約 50 千米，面積 4550 平方千米，耕地面積有 3250 平方千米，佔全省耕地總面積 35.2%，為農業最盛、人口最密的地區。屏東平原為高屏溪的沖積平原，面積約 1200 平方千米，是台灣第二大平原。

北回歸線穿過台灣地區中南部的嘉義、花蓮等地，將台灣地區南北劃為兩個氣候區，中部及北部屬亞熱帶季風氣候，南部屬熱帶季風氣候。整體氣候夏季長且潮濕，冬季較短且溫暖。北部受東北季風影響使 1 月至 3 月出現雨季，冬季中部和南部地區沒有受到明顯影響，5 月台灣地區進入梅雨季節。6 月到 9 月為台灣地區的夏季，天氣炎熱，其中台北都會區是盆地地形，熱能無法快速消散，加上城市熱島效應，夏季最高氣溫常可達 35℃ 及以上，7 月平均氣溫可接近 30℃。台灣島四面環海，每年 9 月至隔年 5 月西伯利亞冷高壓南下時，冷空氣受海洋調和，冬季氣溫相對華南地區稍顯溫暖。冬季台南以北的平地氣溫偶爾出現 4℃。中部及北部 1 月平均氣溫 12 至 15℃ 左右，南部 1 月平均氣溫可高達 18℃ 左右。合歡山、玉山、雪山等海拔 1500 米以上的高山因地勢高，11 月至 4 月常有降雪。

台灣地區降水豐沛、氣候濕潤，平均年降雨量超過 2500 毫米，約為世界平均降雨量之三倍。因季節、位置、海拔標高不同，各地降雨量隨之變化。東部、北部降水量大且全年有雨，中國年降雨量最大的地區火燒寮就在台灣地區東北部，被稱為中國「雨極」，而基隆港因降雨量豐沛而被稱為「雨港」。中南部雨季主要集中在夏季。冬季盛行蒙古高壓帶來的東北季風，夏季盛行西南季風，高峻山脈阻隔季風，形成雨影效應。

　　台灣是中國受颱風影響最多的地區之一，6 月至 9 月是颱風季，每年夏秋兩季平均有三至四個颱風。颱風提供豐沛的水分，但降雨空間和時間分佈不均，易引發洪水與泥石流等災害。若缺少夏季颱風帶來的雨水，冬季易出現乾旱，故各大河川普遍修築水壩，雨季蓄水兼發電，旱季提供民生用水。

　　台灣地區大、小河川密佈，大部分河流受到山脈走向的影響，主要往島嶼西方或東方流入大海。因最大分水嶺中央山脈位置偏東，主要河川多分佈在西半部，包括長度最長、中部的濁水溪，流域最廣、南部的高屏溪及長度與流域面積第三、北部的淡水河。大多數湖泊坐落在西部，僅有少數為天然湖泊，最大的是面積 7.93 平方千米的日月潭，其餘以人工修築的水庫和埤塘居多，包括面積 17.14 平方千米的最大水庫與湖泊曾文水庫、石門水庫、虎頭埤等。

　　台灣森林覆蓋面積佔土地總面積的一半以上，木材的蓄積量達三億立方米以上。受氣候垂直變化的影響，林木種類繁多，包括熱帶、亞熱帶、溫帶和寒帶品系近 4000 種。台北的太平山，台中的八仙山，嘉義的阿里山，是三大著名林區。這裏各類闊葉樹、藤類植物的濃枝密葉，終年遮雲蔽日。

台灣島栖息着豐富多樣的野生動植物，11% 的動物和 27% 的植物為地區特有種，如山區水域栖息的櫻花鈎吻鮭等。島嶼上生長着超過 3000 種被子植物和 640 多種真蕨植物，同時也有 3000 多種魚類及超過 500 多種鳥類生活在島嶼上。其中以鯛魚、鮪魚、鯊魚、鰹魚、鰮魚最多。高雄、基隆、蘇澳、花蓮、新港、澎湖等地都是著名的漁場。

　　台灣地區只有 24% 的土地適於耕種，主要為土壤肥沃、溫暖濕潤、利於耕作的西部平原及東部狹窄的沿海地帶，但農業生產效率很高，出口高質量的豬肉、蔬菜、糖、甘蔗、茶葉、大米和熱帶及亞熱帶水果。盛產稻米，一年有二至三熟，米質好，產量高，種植面積和產量均佔農業生產的首位。主要經濟作物有樟腦、蔗糖、茶、鳳梨（菠蘿）、香蕉、蓮霧。蔬菜品種超過 90 種，栽種面積僅次於稻穀。水果種類繁多，素有「水果王國」的美稱。花卉產值也相當可觀，中國台灣蝴蝶蘭聞名世界。

　　自 1980 年起，台灣相繼成立新竹科學工業園區、南部科學工業園區等科學園區，大力發展廠集成電路、電腦等高新技術產業，耗能少、污染低、附加價值高的高新技術產業取代傳統產業，成為台灣地區重要的經濟命脈，在全球產業鏈中扮演重要角色。台灣地區服務業主要有餐飲業、金融業、旅遊業、文化創意產業等。

　　壯麗的海洋，高聳的山岳，多樣的自然生態與獨特的人文風情，構成了獨一無二的美麗台灣。台灣境內的阿里山、日月潭、太魯閣峽谷、玉山、墾丁、陽明山等都是著名的自然旅遊景點。新北市瑞芳區九份老街、台北市北投區、彰化縣鹿港鎮、新北市鶯歌區等觀光小鎮地方風情濃厚，是尋幽訪古的旅遊勝地。台灣有不少特色溫泉，溫泉文化別具一格。

第十二章

野生動物

生靈家園

　　野生動物，生存於自然狀態下，非人工馴養的各種哺乳動物、鳥類、爬行動物、兩栖動物、魚類、軟件動物、昆蟲及其他動物。

　　野生動物分為瀕危野生動物、有益野生動物、經濟野生動物和有害野生動物等四種。瀕危野生動物，指由於物種自身的原因或受到人類活動、自然災害的影響而有滅絕危險的野生動物物種，如大熊貓、白虎等。有益野生動物，是那些有益於農、林、牧業生產，以及衛生、保健事業的野生動物，如肉食鳥類、蛙類、益蟲等。經濟野生動物，指經濟價值較高，可為漁業、狩獵業捕獲的動物。有害野生動物，指害鼠和各種帶毒動物等。

　　中國是眾多野生動物的家園，野生動物資源非常豐富。中國擁有脊椎類動物 7300 多種，佔世界總數的 10% 以上；陸栖脊椎動物約為 1900 種，其中爬行類 300 餘種，鳥類 1100 多種，獸類 400 多種，約佔世界陸栖脊椎動物種類的 10%；淡水魚類近 600 種，海魚 1500 餘種，其種類佔世界魚類種類的 10% 左右。

　　《國家重點保護野生動物名錄》共列入野生動物 980 種和 8

類，其中國家一級保護野生動物 234 種和 1 類、國家二級保護野生動物 746 種和 7 類。上述物種中，686 種為陸生野生動物，294 種和 8 類為水生野生動物。

中國特有的野生動物有 400 多種。據統計：大熊貓、金絲猴、白鰭豚、揚子鱷等珍稀動物 100 多種；熊、獼猴、麝類經濟動物 400 多種。全世界鶴類共 15 種，中國就有 9 種；野生雞類 276 種，中國有 56 種。在科學實驗方面有重要價值的靈長類動物，中國有 16 種。

世界自然基金會 2016 年 10 月公佈的報告顯示，受人類活動影響，全球野生動物數量自 1970 年以來已銳減 58%。研究人員專門針對 177 種哺乳動梳理出 1900 年至 2015 年間的數據發現，這些哺乳動物已經失去了至少三分之一的原始棲息地。包括犀牛、猩猩、大猩猩以及大型貓科動物等在內的 40% 的哺乳動物，現在的活動區域，僅為其原有棲息地的 20% 或者更小。

在未來的幾十年，氣候變化將成為生物滅絕的主要威脅因素。由於氣溫升高，天氣模式變化，一些動物（比如北極熊）已經減少。野生動物貿易、人類過度消耗、環境污染、物種入侵、感染疾病以及偷獵活動，都是野生動物減少的主要原因。

目前，中國已建立各級各類自然保護地 1.18 萬處，其中包括 10 個國家公園體制試點區、2750 個自然保護區、3548 個森林公園、1051 個風景名勝區、898 個國家級濕地公園、650 個地質公園等，這些保護區佔國土陸域面積的 18%，領海面積的 4.6%，超過世界平均水平。89% 的國家重點保護野生動物種類、86% 的國家重點保護野生植物種類，都在保護地中得到保護。

中國建立自然保護區，對於保護珍稀、瀕危野生動物起到了

重要作用。目前，中國大熊貓的瀕危等級，已由「瀕危」降為「易危」。一些保護區內消失多年的動物，如金錢豹、梅花鹿、錦雞等物種重新出現。

哺乳動物

哺乳動物是一種恆溫、脊椎動物，有毛髮，大部分都是胎生，並藉由乳腺哺育後代。哺乳動物是動物發展史上最高級的階段，也是與人類關係最密切的一個類羣。

哺乳動物種類繁多，分佈廣泛，主要按外型、頭骨、牙齒、附肢和生育方式等來劃分，習慣上分三個亞綱：原獸亞綱、後獸亞綱、真獸亞綱，現存約 28 個目 4000 多種。

除了最高等的哺乳動物人類之外，代表性的哺乳動物有：虎、狼、鼠、鹿、貂、猴、貘、樹懶、斑馬、狗、狐、熊、象、豹子、麝牛、獅子、小熊貓、疣豬、羚羊、馴鹿、考拉、犀牛、猞猁、穿山甲、長頸鹿、熊貓、食蟻獸、猩猩、海牛、水獺、靈貓、海豚、海象、鴨嘴獸、刺蝟、北極狐、無尾熊、北極熊、袋鼠、犰狳、河馬、海豹、鯨魚、鼬等。

中國地域遼闊，地形複雜，氣候多樣，是全球獸類物種多樣性最高的國家之一，截至 2017 年 8 月底，中國記錄到哺乳動物種數 693 種。記錄有上百種特有哺乳動物，如鯨偶蹄目中的安徽麝、黑麂、小麂、白脣鹿、麋鹿、普氏原羚、台灣鬣羚、白鱀豚、長江江豚；靈長目中的川金絲猴、滇金絲猴、黔金絲猴、海南長臂猿、藏酋猴和台灣獼猴；食肉目中的大熊貓和荒漠貓；兔

形目中的雲南兔、海南兔和塔里木兔等。

　　大熊貓，熊科動物，中國國寶，國家一級保護動物。生活在野外的大熊貓壽命為 18—20 歲，人工飼養可超過 30 歲。大熊貓主要棲息地是中國四川、陝西和甘肅的山區。大熊貓從不冬眠，全年 99% 的食物都是竹子，每天除去一半進食時間，剩下的一半時間，多數在睡夢中度過。大熊貓善於爬樹，也愛嬉戲，爬樹的行為一般是在臨近求婚期或逃避危險，也是它們彼此相遇時弱者迴避強者的一種方式。

　　大熊貓的棲息環境，在中國長江上游的高山深谷，那裏為東南季風的迎風面，氣候溫凉潮濕，濕度常在 80% 以上。大熊貓生活的六塊狹長地帶，包括岷山、邛崍山、凉山、大相嶺、小相嶺及秦嶺等幾大山系，橫跨四川、陝西、甘肅三省的 45 個縣（市），棲息地面積達 20000 平方千米以上，種羣數量約 1600 隻，其中 80% 以上分佈於四川境內。大熊貓多在 20 度以下地形的坳溝、山腹窪地、河谷階地活動，這些地方森林茂盛，竹類生長良好，氣溫相對較為穩定，隱蔽條件良好，食物資源和水源都很豐富。

　　目前，中國大熊貓受威脅程度等級由瀕危降為易危。隨着大熊貓自然保護區體系不斷完善，中國已建立大熊貓自然保護區 67 處，野生大熊貓達到 1864 隻。全國 1340 隻野生大熊貓種羣已被納入大熊貓國家公園保護，佔全國野生大熊貓種羣總數量的 71.89%。大熊貓全球圈養總數達到 673 隻。人工繁育大熊貓的野化培訓和野外小種羣復壯工作持續推進，累計已將 11 隻人工繁育大熊貓放歸自然。

　　豹，世界上分佈範圍最廣的貓科動物，分佈區橫跨歐亞大

陸與非洲大陸。在中國，豹是具有斑點花紋的體型最大的貓科動物。中國豹的分佈範圍，在過去半個世紀中經歷了嚴重的退縮，現今分佈區嚴重破碎化，散佈於東北、華北、西南以及喜馬拉雅山脈中段南坡。華東、華南與華中地區的豹，可能已消失或接近區域性絕滅。近年來，豹在吉林、陝西、河北、河南北部、陝西中部與南部、甘肅南部、青海南部、四川西部、雲南南部及西藏東部和南部有記錄。青藏高原東部（川西至青海西南部）中國現存面積最大的原生棲息地中，可能擁有最大的野生豹種羣。

虎，世界上最大的貓科動物，目前分佈於印度次大陸、東南亞與東亞。虎可以在多種類型棲息地內生活，縱跨從海平面到海拔 3000 米的喜馬拉雅山脈的廣闊地域。在中國北方，虎主要棲息於地形平緩的溫帶森林。在中國南方，虎主要棲息於熱帶和亞熱帶森林以及亞熱帶山地森林。歷史上，中國境內的虎分佈於從東北至華南、西南以及西北新疆的廣大地區。但是，野生虎當前僅分佈於中國與俄羅斯、印度、緬甸以及老撾交界的局部地區。

雪豹，外形特徵獨特的大型貓科動物，起源於青藏高原，分佈於中亞至青藏高原和蒙古高原廣袤的山地，包括中國、蒙古、俄羅斯、哈薩克斯坦、塔吉克斯坦、吉爾吉斯斯坦、烏茲別克斯坦、阿富汗、巴基斯坦、印度、尼泊爾、不丹共 12 個國家。中國是雪豹種羣數量及棲息地面積最多的國家，雪豹分佈於西藏、青海、新疆、甘肅、四川、雲南和內蒙古。雪豹棲息於高海拔生態環境中，喜歡在高山流石灘、山脊、陡崖活動。在中國，雪豹主要的獵物是岩羊和北山羊，同時也會捕獵旱獺、鼠兔、野兔、雉類等體型較小的獵物。

金絲猴，猴科仰鼻猴屬動物，毛質柔軟，鼻子上翹。金絲猴

分為緬甸金絲猴（怒江金絲猴）、川金絲猴、滇金絲猴、黔金絲猴、越南金絲猴五種，其中除緬甸金絲猴和越南金絲猴外，均為中國特有的珍貴動物。

金絲猴羣栖在高山密林中，以漿果、竹筍、苔蘚為食，亦喜食鳥蛋等肉類，它們栖息地海拔很高，身上的長毛可耐寒。五個品種的金絲猴均為珍稀品種，列入紅色物種名錄瀕危品種。

金絲猴是典型的森林樹栖動物，常年栖息於海拔 1500—3300 米的森林中。金絲猴的栖息地，有植被類型和垂直分佈帶屬亞熱帶山地常綠、落葉闊葉混交林、亞熱帶落葉闊葉林和常綠針葉林以及次生性的針闊葉混交林等四個植被類型，隨着季節的變化，它們不向水平方向遷移，只在栖息的環境中作垂直移動。金絲猴羣栖生活，按家族性的集羣為活動單位。最大的羣體可達 600 餘隻。

滇金絲猴分佈於瀾滄江與金沙江之間雲嶺山脈主峰兩側的高山深谷地帶，向北延伸達西藏境內的寧靜山脈，包括雲南德欽縣、維西縣、麗江、劍川縣、蘭坪、雲龍縣等縣，以及西藏芒康縣境內。川金絲猴布於四川、陝西（寧陝）、湖北及甘肅，深居山林，結羣生活。黔金絲猴僅見於貴州梵淨山。怒江金絲猴分佈於中國怒江地區。緬甸金絲猴國外分佈於緬甸克欽州東北部，國內分佈於中國高黎貢山地區。越南金絲猴僅分佈於越南北部宣光省和北太省之間石灰岩山地的低海拔亞熱帶雨林中。

鳥類

鳥類，帶羽、卵生的動物，有極高的新陳代謝速率，長骨

多為中空，所以大部分的鳥類都可以飛。鳥類由爬行動物進化而來，世界上現存的鳥類共有近一萬種，它們都有翅膀和羽毛，就連那些已經失去飛行能力的鳥類（如鴕鳥、企鵝等）也不例外。

鳥類種類繁多，分佈全球，生態多樣，現在鳥類可分為三個總目。平胸總目，包括一類善走而不能飛的鳥，如鴕鳥。企鵝總目，包括一類善游泳和潛水而不能飛的鳥，如企鵝。突胸總目，包括兩翼發達能飛的鳥，絕大多數鳥類屬於這個總目。鳥類數量在脊椎動物中僅次於魚類，全世界現有鳥類近一萬種，約 300 億隻。

生物學家們估計，歷史上曾經存在過大約 10 萬種鳥，而倖存至今的約有十分之一。鳥類主要分佈於地球的熱帶、亞熱帶和溫帶。絕大多數鳥類營樹栖生活，少數營地栖生活。水禽類在水中尋食，部分鳥類有遷徙的習性。

中國是世界上鳥類資源比較豐富的國家之一，擁有鳥類 1445 種，約佔世界鳥類總種數的 14%。中國鳥類物種多樣性高，特有品種豐富，區系起源古老。

中國動物地理區劃通常被分為七個區域：東北區、華北區、西北區、青藏區、西南區、華中區、華南區。中國的鳥類，多分佈於西南、華南、中南、華東和華北地區。東北區氣候寒冷、森林茂密，是東亞地區最為年輕的適應於寒冷環境的動物類羣。華北區屬暖溫帶，夏熱冬寒，動物類羣的生活習性表現出明顯的季節性波動。西北區境內以典型的大陸性氣候為主，荒漠和草原較為常見，繁殖鳥佔比最多。青藏區平均海拔 4500 米以上，高原氣候長冬無夏，高原的腹心部分和東南邊緣部分動物有明顯的差別。西南區境內高山峽谷，地形起伏較大，動物分佈呈現明顯的

垂直分佈特徵。華中區南北跨度較寬，南北類型相混雜和過度現象成為本區最大的特點。華南區氣候溫暖炎熱，植物生長繁茂，熱帶鳥類種類繁多。

中國的鳥類有北方型、東北型、中亞型、高地型、喜馬拉雅—橫斷山型、南中國型、東洋型、舊大陸熱帶—亞熱帶型、島嶼型。中國鳥類有將近一半屬於長距離遷徙的候鳥。

中國鳥類物種多樣性分佈，整體呈南高北低、西南地區最高的格局。西南山地是中國鳥類物種多樣性的中心，並以此向周圍其他地區遞減。其中，橫斷山區、川北—秦嶺—隴南山地和藏東南地區的鳥類物種多樣性最高，包含了中國約 70% 的鳥類物種。

科學研究發現，中國鳥類的物種多樣性與植被生產力、年均溫和年降水等與降水和能量相關的因子高度相關。中國鳥類物種豐富度最高的地區，主要位於橫斷山區、秦嶺、喜馬拉雅山東部等山區，屬於東部平原—丘陵向青藏高原的過渡帶，地勢落差大、氣候複雜，具有較高的地形異質性和生境異質性。海拔落差是青藏高原鳥類豐富度分佈格局的主要影響因素。中國橫跨熱帶、溫帶和寒帶三個溫度帶，南方和西南山地溫暖濕潤，植被生產力高，鳥類物種豐富。隨着向北推移，年均溫和年降水逐漸減少，植被生產力逐漸降低，鳥類物種數量也逐漸減少，尤其是中國西北荒漠區，由於喜馬拉雅山和秦嶺山脈阻斷水汽輸送，導致降水極少，植被稀疏，只分佈有少數長期適應荒漠和高原的特有物種，如地山雀和雪雀等。經濟發達的北京和上海地區，鳥類物種豐富度較高。

朱鹮，鹮科朱鹮屬鳥類，國家一級重點保護動物。中等體型，體羽白色，後枕部有長的柳葉形羽冠，額至面頰部皮膚裸

露，呈鮮紅色；繁殖期時用喙不斷啄取從頸部肌肉中分泌的灰色素，塗抹到頭部、頸部、上背和兩翅羽毛上，使其變成灰黑色。棲息於海拔 1200—1400 米的疏林地帶，主要以小魚、蝦蟹、甲殼類、昆蟲等無脊椎動物和小型脊椎動物為食。曾廣泛分佈於中國東部、日本、俄羅斯、朝鮮等地，由於環境惡化等因素導致種羣數量急劇下降，後通過人工繁殖增加到 2021 年 5 月的 7000 餘隻。

朱䴉生活在溫帶山地森林和丘陵地帶，大多鄰近水稻田、河灘、池塘、溪流和沼澤等濕地環境地帶。朱䴉在野生環境中非常喜歡濕地、沼澤和水田。喜歡棲息於海拔 1200—1400 米的疏林地帶的高大的樹上。

朱䴉曾廣泛分佈於中國東北黑龍江省烏蘇里江流域和興凱湖，吉林省東部、中部和西部，遼寧省遼東半島大連、金縣和營口，河北，河南西部熊耳山，山東，山西東南部，陝西太白山、洋縣、甘肅蘭州、東南部徽縣，安徽，浙江衢縣，以及福州、台灣和海南島。自 1981 年中國科學家在陝西漢中市洋縣發現七隻野生朱䴉種羣以來，至 2021 年，中國朱䴉種羣數量增至 7000 多隻，朱䴉的分佈地域已經從陝西擴大到河南、浙江等地。

黑頸鶴，鶴形目鶴科鶴屬的大型涉禽，國家一級保護動物。黑頸鶴是大型飛行涉禽，全長約 120 厘米。全身灰白色，頸、腿比較長，頭頂和眼先裸出部分呈暗紅色，頭頂佈有稀疏發狀羽。黑頸鶴頭頂的裸露的紅色皮膚，陽光下看去非常鮮艷，到求偶期間更會膨脹起來，顯得特別鮮紅。除眼後和眼下方具一小白色或灰白色斑外，頭的其餘部分和頸的上部約 2/3 為黑色，故稱黑頸鶴。

黑頸鶴除繁殖期常成對、單隻或家族羣活動外，其他季節多

成羣活動，特別是冬季在越冬地，常集成數十隻的大羣。從天亮開始活動，一直到黃昏，大部分時間都用於覓食。中午多在沼澤邊或湖邊淺灘處休息，一腳站立，將嘴插於背部羽毛中。清晨或有危險時常發出洪亮、高昂的叫聲。

黑頸鶴主要栖息於海拔 2500—5000 米的高原、草甸、沼澤和蘆葦沼澤，以及湖濱草甸沼澤和河谷沼澤地帶。是在高原淡水濕地生活的鶴類，是世界上唯一生長、繁殖在高原的鶴。

黑頸鶴為中國特產種，主要分佈在中國的青藏高原和雲貴高原，北起新疆的阿爾金山並延伸到甘肅的祁連山，南至西藏的喜馬拉雅山北坡和雲南的橫斷山，西起喀喇崑崙山，東至青藏高原東北緣的甘肅、青海和四川交界的松潘草地及雲南與貴州交界的烏蒙山，包括青海、四川、甘肅、新疆、西藏、雲南和貴州共七個省區。

20 世紀 90 年代，已知在西藏越冬的黑頸鶴有 4277 隻；至 2002 年初，已知在雲貴高原越冬的黑頸鶴有 3261 多隻，這使黑頸鶴在中國的總數達到 7538 隻。估計到 2011 年止，全世界黑頸鶴總的數量約有一万隻。

金雕，鷹科，屬大型猛禽，體長 76—102 厘米，翼展達 2.3 米，體重 2—6.5 千克。雌雄同色。未成年時，頭、頸黃棕色；兩翼飛羽除了最外側三枚外基部均綴有白色，其餘身體部分暗褐色；羽尾灰白色，羽端部黑色；成年個體翼和尾部均無白色，頭頂及枕部羽色轉為金褐。其跗跖部全部被羽毛覆蓋。

金雕通常單獨或成對活動，冬天有時會結成較小的羣體，但偶爾也能見到 20 隻左右的大羣聚集，一起捕捉較大的獵物。金雕善於翱翔和滑翔，常在高空中一邊呈直線或圓圈狀盤旋，一邊俯

視地面尋找獵物，兩翅上舉「Ｖ」狀，用柔軟而靈活的兩翼和尾的變化來調節飛行的方向、高度、速度和飛行姿勢。發現目標後，金雕常以每小時 300 千米的速度從天而降，並在最後一剎那嘎然止住扇動的翅膀，然後牢牢地抓住獵物的頭部，將利爪戳進獵物的頭骨，使其立即喪失性命。金雕捕食的獵物有數十種之多，如雁鴨類、雉雞類、松鼠、麅子、鹿、山羊、狐狸、旱獺、野兔等等，有時也吃鼠類等小型獸類。

金雕栖息於北半球溫帶、亞寒帶和寒帶地區，廣泛分佈在歐亞大陸、北美洲、非洲北部。在中國，分佈於東北、內蒙古、西北、華北、西南、喜馬拉雅山脈等地。金雕生息在在草原、荒漠、河谷，特別是高山針葉林中，冬季亦常在山地丘陵和山腳平原地帶活動，最高達到海拔 4000 米以上。白天常見金雕在高山岩石峭壁之巔，以及空曠地區的高大樹上歇息，或在荒山坡、墓地、灌叢等處捕食。金雕繁殖季築巢於山谷峭壁的凹陷處，偶爾在高大喬木上築巢。

天鵝，鴨科天鵝屬動物。大型水禽，頸與體軀等長或較長。天鵝頸修長，嘴基部高而前端緩平，眼腺裸露，尾短而圓，尾羽20—24枚，蹼強大，但後趾不具瓣蹼。天鵝是一種冬候鳥，喜歡羣栖在湖泊和沼澤地帶，主要以水生植物為食，也吃螺類和軟件動物，除非洲、南極洲之外的各大陸均有分佈。

在中國，天鵝繁殖在新疆中部和北部、青海柴達木盆地、甘肅西北部弱水、內蒙古烏梁素海，迁徙經東北、山東、河北，越冬在長江中、下游一帶。在國外，天鵝主要繁殖在亞洲中部和蒙古，歐洲的斯堪的納維亞半島、裏海和黑海周圍地區及北美洲的西北部；越冬主要在亞洲中部、歐洲、非洲西北隅及北美洲西北

的部分地區。

　　每年 3、4 月間，成羣的天鵝從中國的南方飛向北方，在北部邊疆省份產卵繁殖。雌天鵝都是在每年的 5 月間產下 2、3 枚卵，然後雌鵝孵卵，雄鵝守衛在身旁，一刻也不離開。一過 10 月份，天鵝就會結隊南遷，組成小羣，排成「一」字或「人」字隊行，邊飛邊鳴，到南方氣候較溫暖的地方越冬、養息。天鵝繁殖期主要棲息於開闊的湖泊、水塘、沼澤、水流緩慢的河流和鄰近的苔原低地和苔原沼澤地上，冬季主要棲息在多蘆葦、蒲草和其他水生植物的大型湖泊、水庫、水塘與河灣地方，也出現在濕草地和水淹平原、沼澤、海灘及河口地帶，有時甚至出現在農田原野。

兩栖、爬行動物

　　兩栖類動物，由魚類進化而來，長期的物種進化使兩栖動物既能活躍在陸地上，又能游動於水中。與動物界中其他種類相比，地球上現存的兩栖動物的物種較少，正式被確認的種類約有 4350 種，分無足目、無尾目和有尾目三目。

　　無足目，無足而形態習性均似蚯蚓的兩栖動物，現代分佈於澳大利亞以外的熱帶地區。無足目或稱蚓螈目，通稱為蚓螈，是現代兩栖動物中最奇特、人們了解的最少的一類。蚓螈完全沒有四肢，是現存唯一完全沒有四肢的兩栖動物，也基本無尾或僅有極短的尾，身上有很多環褶，看起來極似蚯蚓，多數蚓螈也象蚯蚓一樣穴居，生活在濕潤的土壤中。蚓螈雖然有眼睛，但是比較退化，有些隱藏於皮下或被薄骨覆蓋，而在鼻和眼之間，有可以

伸縮的觸突，可能起到嗅覺的作用。

　　無尾目，包括現代兩栖動物中絕大多數的種類，也是兩栖動物中唯一分佈廣泛的一類。無尾目的成員，體型大體相似，而與其他動物均相差甚遠，僅從外形上就不會與其他動物混淆。無尾目幼體和成體區別甚大，幼體即蝌蚪有尾無足，成體無尾而具四肢，後肢長於前肢，不少種類善於跳躍。無尾目的成員，通稱蛙和蟾蜍，蛙和蟾蜍這兩個詞並不是科學意義上的劃分，從狹義上說，二者分別指蛙科和蟾蜍科的成員，但是無尾目遠不止這兩個科，而其成員都冠以蛙和蟾蜍的稱呼。一般來說，皮膚比較光滑、身體比較苗條而善於跳躍的稱為蛙，而皮膚比較粗糙、身體比較臃腫而不善跳躍的稱為蟾蜍；實際上有些科同時具有這兩類成員，在描述無尾目的成員時，多數可以稱為蛙。無尾目種類繁多，在全世界分佈廣泛，但在拉丁美洲最豐富，其次是非洲。

　　有尾目，終生有尾的兩栖動物，包括各種鯢和蠑螈，現在主要分佈於北半球，特別是北美洲，其次是東亞和歐洲。

　　兩栖類動物每個目的成員，大體有着類似的生活方式。從食性上來說，除了一些無尾目的蝌蚪食植物性食物外，均食動物性食物。兩栖動物雖然也能適應多種生活環境，但是其適應力遠不如更高等的其他陸生脊椎動物，既不能適應海洋的生活環境，也不能生活在極端乾旱的環境中，在寒冷和酷熱的季節，則需要冬眠或者夏蟄。

　　中國現有兩栖類動物 302 種。雲南由於特殊的地理和複雜多樣的自然環境，具有十分豐富的兩栖類物種，約 100 餘種，佔全國兩栖類動物種數的 40%。

　　爬行動物，屬於四足總綱的羊膜動物，是對除鳥類及哺乳類

以外的蜥形綱及合弓綱所有物種的通稱。爬行動物栖息於除了南極洲以外的地球各個大陸，主要分佈於熱帶與副熱帶地區。

在生命進化的過程中，爬行動物佔有極其重要的地位。由於其胚胎可以在產於陸地上的羊膜卵中發育，使其繁殖和發育擺脫了對外界水環境的依賴，是真正的陸生脊椎動物。人們常見的蛇、龜、蜥蜴、鱷魚等，均屬爬行動物。爬行動物至今有接近8000 種。

爬行動物的皮膚乾燥，表面覆蓋着保護性的鱗片或堅硬的外殼，這使它們能離水登陸，在乾燥的陸地上生活。在恐龍時代，爬行動物曾主宰着地球，對動物的進化產生了重大影響。大多數爬行動物生活在溫暖的地方，因為它們需要太陽和地熱來取暖。很多爬行動物栖居在陸地上，但是海龜、海蛇、水蛇和鱷魚等都活在水裏。

爬行動物主要分為龜鱉目、鱷目和有鱗目三目。

龜鱉目爬行動物，是脊索動物門爬行綱動物，遍佈在各大洋。龜鱉目身上，長有非常堅固的甲殼，受襲擊時，龜可以把頭、尾及四肢縮回龜殼內。龜鱉通常可以在陸上及水中生活，亦有長時間在海中生活的海龜。龜鱉是長壽的動物，在自然環境中有超過百年壽命。陸栖龜類大多為草食性，鱉類大多為肉食性，其他種類也有雜食的。龜鱉溫帶種類冬季蟄伏（冬眠），熱帶種類炎熱時期蟄伏（夏眠）。中國龜鱉目有 6 科 22 屬 40 種，除西藏自治區、青海省、寧夏回族自治區沒有龜鱉分佈外，其他地區均有分佈。在南方（以秦嶺、淮河為界）分佈種類和數量相對較多，北方較少。

鱷目爬行動物，為雙顳窩類，是最高等的爬行動物。體長

大，尾粗壯，側扁。長吻銳齒、四肢短小、尾巴扁平有力、皮硬厚鱗。栖於熱帶河流沼澤，並很少離開水過遠的地方。食肉為主。卵生、壽命長。鹹水鱷可達六米長。鱷魚的心臟和人類一樣有兩房（左心房、右心房）和兩室（左心室、右心室）。鱷魚的平均壽命長達 150 年，是爬行動物壽命最長的。鱷魚在世界範圍內，大都分佈在熱帶以及亞熱帶地區，只有少數品種生活在溫帶，比如揚子鱷、密西西比鱷等。從水域環境來看，大部分鱷魚都生活在淡水中，比如尼羅鱷、揚子鱷、食魚鱷、泰鱷等。少數生活在海灘附近，比如灣鱷和美洲鱷。它們有時還會到海水中活動。揚子鱷是中國特有的一種鱷魚，原本生活在長江流域，不過現在數量急劇減少，已經是屬於瀕危動物。

有鱗目爬行動物，是現代爬行動物中最為興盛的一個類羣。體表滿被角質鱗片，一般無骨板，身體多為長形。前後肢發達或退化。卵生或卵胎生。營水生、陸生、樹栖或地下穴居等多種生活方式。所有的蜥蜴和蛇每年至少蛻皮一次。蛻皮前，表皮生髮層進行強烈的細胞分裂，在外表皮層下形成一個內表皮層，隨着後者分化成熟，兩者之間發生分裂，外表皮層整個蛻去，完成一個蛻皮周期。有鱗目爬行動物分佈遍及全球。除了高緯度地區、高海拔的山頂以及北極和南極，世界各地都有蛇和蜥蜴。全世界約有有鱗目 5500 種，中國約有 290 種。

截至 2019 年底，中國共記錄現生本土兩栖動物 3 目 13 科 62 屬 515 種（蚓螈目 1 科 1 屬 1 種，有尾目 3 科 14 屬 82 種，無尾目 9 科 47 屬 431 種），爬行動物 3 目 35 科 135 屬 511 種（鱷形目 1 科 1 屬 1 種，龜鱉目 6 科 18 屬 34 種，有鱗目蛇亞目 18 科 73 屬 265 種、蜥蜴亞目 10 科 43 屬 211 種）。

水生野生動物

　　水生動物，指主要在水中生活的動物。大多數水生動物是在水中生活，也有像鯨魚和水生昆蟲之類由陸生動物轉化成水生動物的水生動物，有的水生昆蟲並不靠水中的溶解氧來呼吸。

　　水生野生動物，顧名思義，為野外環境生長繁殖的水生動物，一般而言，不依靠外部因素（如人類力量）存活，能夠在野外獨立生存，此外還具有種羣及排他性。

　　水生動物，按照棲息場所可分為海洋動物和淡水動物兩種。水生動物最常見的是魚，此外還有腔腸動物如海葵、海蜇和珊瑚蟲等，軟件動物如烏賊、螺和章魚等，甲殼動物如蝦和蟹等，其他動物如海豚和鯨（哺乳動物）等。

　　水生動物中脊椎動物種類和數量是最多的，如鯉魚、鱸魚、青魚、草魚、鱅魚等。腔腸動物結構簡單，體壁由外胚層和內胚層兩層細胞及中間無細胞結構的中膠層構成，體內有消化腔，有口無肛門，如海蜇、海葵、水螅等。軟件動物身體柔軟，具外套膜，身體外面有貝殼，如烏賊、河蚌等。甲殼動物體表長有質地較硬的甲殼，如蝦、蟹等。另外，在水中生活的動物還有龜、鱉、鱷魚、海豚、鯨、海豹等，其中龜、鱉、鱷魚屬於爬行動物，而海豚、鯨、海豹則屬於哺乳動物。

　　據統計，中國有水生動物近兩萬種，其中海洋水生動物約16200種，淡水水生動物約3300餘種，此外還有海淡水洄游性魚類近70種。在這些水生動物中，名貴、稀有物種達數百種。已經列入國家重點保護的一、二級水生野生動物有白鱀豚、中華鱘、達氏鱘、白鱘、胭脂魚、江豚、大鯢等數十種。

長期以來，由於受自然生態環境惡化、外來物種入侵、人為破壞等因素的影響，中國水生野生動物數量的急劇下降，一些珍貴物種的種羣數量不斷減少，甚至瀕臨滅絕。《國家重點保護水生野生動物名錄》2021 年版中，一級保護水生野生動物有 45 種，二級保護水生野生動物有 249 種。在列入《國家重點保護野生動物名錄》中的近 80 種水生動物中，屬國家一級保護動物的有白鱀豚、中華鱘、白鱘、鼋、儒艮、中華白海豚等共 13 種，屬國家三級保護動物的有文昌魚、江豚、胭脂魚、鯨魚等共 67 種。據估計，目前中國瀕危狀態需要重點保護的水生野生動物約 400 種。

　　據截至到 2003 年的不完全統計，中國各地建立各級水生野生動物自然保護區 185 處。其中包括國家級保護區 34 個，省級保護區 68 個，市級保護區 25 個，縣級保護區 58 個。保護區的生態類型，包括野生動物、溫地生態系統、海洋生態系統、濕地生態系統和野生動物、海洋生態系統五種，涉及湖北、廣東、河南、湖南、福建、江西、四川、安徽、黑龍江等地區。為保護物種正常的繁衍生息，特別是對珍稀魚類及經濟魚類的保護，國家將保護區內存在的魚類及其他水生經濟動植物的產卵場、索餌場、越冬場及洄游通道等水域劃為禁植區，禁止任何捕撈作業及其他活動，包括挖沙採石等。在劃定禁漁區的同時，管理部門制定了禁漁期制度，規定在某一時期或是常年對禁漁區內實施禁捕。

第十三章

鍾靈毓秀

中國的世界遺產

　　中國無與倫比的自然風光與人文盛景，鐘靈毓秀，廣佈神州，雄偉瑰麗，美不勝收。中國迄今已經有 56 項世界遺產、244 處國家級風景名勝區，成為展示古老而年輕祖國的靚麗名片。

　　世界遺產，是指被聯合國教科文組織和世界遺產委員會確認的人類罕見的、目前無法替代的財富，是全人類公認的具有突出意義和普遍價值的文物古跡及自然景觀。

　　世界遺產包括文化遺產（包含文化景觀）、自然遺產、文化與自然雙重遺產三類。根據形態和性質，世界遺產分為物質遺產（文化遺產包含文化景觀、自然遺產、文化和自然雙重遺產）和非物質文化遺產。

　　自然遺產，從美學或科學角度看，是具有突出、普遍價值的由地質和生物結構或這類結構羣組成的自然面貌。從科學或保護角度看，是具有突出、普遍價值的地質和自然地理結構以及明確規定的瀕危動植物物種生境區。從科學、保護或自然美角度看，是具有突出、普遍價值的天然名勝或明確劃定的自然地帶。

　　文化遺產，由文物、建築羣、遺址三部分構成。文物，是從

歷史、藝術或科學角度看具有突出的普遍價值的建築物、碑雕和碑畫，具有考古性質成分或結構的銘文、洞穴以及其綜合體。建築羣，是從歷史、藝術或科學角度看在建築式樣、分佈均勻或與環境景色結合方面具有突出的普遍價值的單立或連接的建築羣。遺址，是從歷史、美學、人種學或人類學角度看具有突出的普遍價值的人造工程或人與自然的聯合工程以及考古遺址地方。「文化景觀」，是包含於「文化遺產」中的一個特殊類型。

混合遺產，即同時部分滿足《保護世界文化與自然遺產公約》中關於文化遺產和自然遺產定義的遺產項目，才能成為文化與自然混合遺產。

截至 2021 年 7 月，世界遺產總數達到 1154 處，其中包括 897 項文化遺產，218 項自然遺產以及 39 項自然與文化雙遺產。截至 2021 年 7 月，中國已有 56 項世界遺產列入《世界遺產名錄》，位居世界第一，其中世界文化與自然雙重遺產 4 項、世界自然遺產 14 項、世界文化遺產 38 項（其中包含世界文化景觀 5 項）。

中國擁有值得自豪的 56 項世界遺產。世界文化遺產是：長城，莫高窟，明清皇宮（北京故宮，瀋陽故宮），秦始皇陵及兵馬俑坑，周口店北京猿人遺址，布達拉宮（大昭寺、羅布林卡），承德避暑山莊及周圍寺廟，曲阜孔府、孔廟、孔林，武當山古建築羣，廬山，麗江古城，平遙古城，蘇州古典園林，天壇，頤和園，大足石刻，龍門石窟，明清皇家陵寢（明顯陵、清東陵、清西陵、明孝陵、十三陵、盛京三陵），青城山—都江堰，皖南古村落，雲岡石窟，高句麗王城、王陵及貴族墓葬，澳門歷史城區，安陽殷墟，開平碉樓與村落，福建土樓，五台山，「天地之中」歷史建築羣，杭州西湖文化景觀，元上都遺址，紅河哈尼梯

田文化景觀，中國大運河，絲綢之路：長安—天山廊道的路網，土司遺址，左江花山岩畫文化景觀，鼓浪嶼：歷史國際社區，泉州：宋元中國的世界海洋商貿中心，良渚古城遺址。

世界自然遺產是：黃龍，九寨溝，武陵源，三江併流，四川大熊貓栖息地，中國南方喀斯特，三清山，中國丹霞，澄江化石地，新疆天山，神農架，可可西里，梵淨山，黃（渤）海候鳥栖息地。

世界文化與自然雙重遺產是：泰山，黃山，峨眉山—樂山大佛，武夷山。

萬里長城

長城，又稱為萬里長城，中國古代軍事防禦工事。長城是一道高大、堅固而且連綿不斷的長垣，用以限隔敵騎的行動。長城不是一道單純孤立的城牆，而是以城牆為主體，同大量的城、障、亭、標相結合的防禦體系。

國家文物局和國家測繪局 2009 年 4 月 18 日聯合公佈，中國明長城東起遼寧虎山，西至甘肅嘉峪關，從東向西行經遼寧、河北、天津、北京、山西、內蒙古、陝西、寧夏、甘肅、青海十個省（自治區、直轄市）的 156 個縣域，總長度為 8851.8 千米。經過壕塹 359.7 千米，自然天險 2232.5 千米。

2012 年 6 月 5 日，國家文物局宣佈，歷經近 5 年的調查認定，中國歷代長城總長度為 21196.18 千米，包括長城牆體、壕塹、單體建築、關堡和相關設施等長城遺產 43721 處。

中國很早出現長城的雛形。中國北方遠古時代的先民們，在

與後來的戰國及秦漢長城並行的山河大地，修築了一系列的石城臺，築有大量具有防禦功能的城牆，對後來的長城建築起到某種引領作用。公元前 2800 年—前 2500 年，遼西一帶出現了圍繞原始村落砌築的石砌圍牆。公元前 2000 年—前 1500 年出現的夏家店下層文化遺址，幾乎都有土石砌築的「城堡」，形成嚴密的防禦體系。

春秋時代，長城發端於齊國與楚國，時稱「巨防」「方城」，此舉隨後為諸侯列國競相仿效。春秋戰國時的齊長城和楚長城，是中國最早的長城。近年發現的「清華簡」，其《繫年》中有關記載，可以佐證齊、楚長城的修建時間、性質和作用。齊、楚長城是各諸侯國之間進行征戰的線性軍事防禦工程。公元前 555 年（齊靈公二十七年），晉侯伐齊，齊國在西南境修築長城。齊長城，東西橫亙，綿延千里，氣勢磅礴，規模宏大，始建於春秋齊桓公時期，歷代續修，最後完成於戰國齊宣王時期，先後築城歷時達 300 餘年。約公元前 7 世紀，楚國把位於今湖北竹山至今河南泌陽一帶所築的防禦性小城，用高大的牆體連接起來，稱為「方」以防範齊國的南下。楚國在漢水中部至淮河上游也修築了長城。修築在今湖北、河南境內楚長城長度超過 1000 千米。

從春秋戰國時期到清代的 2000 多年間，雖然時斷時續，但對長城的修築一直延續着。秦始皇之後，漢、晉、南北朝、隋、唐、宋、遼、金、元、明、清等十多個朝代，都不同規模地修築過長城，其中漢、金、明三個朝代修築的長城規模尤為宏大壯觀。清朝雖然停止了大規模的長城修築，但也在一些地方修築過長城。

中國歷代修築的長城不計其數，但長度在萬里以上的只有三條。

第一條為秦始皇時期修築的萬里長城，西起臨洮（今甘肅

省）、東至遼東，長度為 5000 多千米。公元前 221 年，秦始皇統一了中國，根據鞏固中央集權國家的需要，秦沿趙國、燕國的舊長城進行擴修，形成了西起高闕（在今內蒙古）東到遼陽，再東行抵達遼東所連接的萬里長城，迫使匈奴北徙，十餘年不敢南下牧馬。

第二條係漢朝修築的萬里長城，西起今新疆、東至遼東的內外長城和烽燧、亭障。漢代長城是在秦長城的基礎上修築起來的。漢高祖劉邦及文帝、景帝時期，面對匈奴的掠擾，修築長城以抗匈奴。在收復了被匈奴佔領的土地之後，擴大了秦始皇萬里長城的規模，並築了外城，漢長城的長度達到了 10000 多千米，漢朝是歷史上修築長城最長的一個朝代。

第三條是明朝修築的西起嘉峪關、東至鴨綠江的長城，全長約 6000 多千米。明代修築的萬里長城更日趨完善，防禦功能更加強大。明朝為了防禦蒙古、女真等遊牧民族的掠擾，十分重視北方的防務。明朝在洪武元年（1368 年），就派大將軍徐達修築居庸關等處長城，到 1600 年前後，歷經 230 多年，才算基本完成明長城這一宏大的修築工程。

長城不是單純的一條線，而是一條蜿蜒盤桓於中國北方的環形帶，一個特色鮮明的空間區域，地理學家和歷史學家把這個區域稱為長城地帶。長城地帶氣候乾旱，降水條件直接影響着這一區域人畜的生存和經濟的發展。長城地帶的大部分地段，位於由半濕潤向乾旱氣候區過渡的半乾旱氣候區，那裏農區與牧區交錯分佈，你中有我，我中有你。

中國的農耕民族與遊牧民族，在北方地區相互接壤綿延萬里，本是人為修築的防禦工事長城，其沿線逐漸成為空間上農牧業生產的分界線，遊牧者與耕田人分野、纏鬥的分界線，進而演

變為中原文明與北方邊疆文明、農耕文明與遊牧文明的分界線。北方農耕民族與遊牧民族的分野，形成了這條分界線。

　　凡是正經稱得上長城的建築實體，都是由王朝（政府），基於戰略方針或短期軍事目標，出資籌資興建，軍事將領或地方官員牽頭擘畫監工，廣大民工與兵士辛勞服役修築。受生產力發展水平的局限，明代之前的長城，如秦始皇長城，漢長城，多為夯土壘築，天長日久，風欺土沒。少數石頭壘的，也因年久失修，坍塌湮沒。明代才有磚制長城和大規模的石砌長城，所以，明朝以前的長城遺址，大多破敗坍塌。雄偉傲岸的長城形象，成型有致的長城關隘，大都為磚製、石製的明代長城。

　　秦朝、漢朝和明朝，是長城修築史的高峰時期。大興土木的這幾個朝代，都是中原專制皇朝當政、皇權強悍的時期。而魏晉南北朝、五代十國這些亂世時代，戰亂頻仍，軍閥割據，沒有修築長城的環境和需求，缺乏修築長城人、財、物的基本條件。遊牧民族基本不修長城。唐朝、金朝、元朝、清朝這些遊牧民族、少數民族（或有遊牧民族血統）的統治者當權的朝代，他們的觀念是騎馬打天下、大地任我行，基本不修長城。唐太宗、康熙這些天縱英才，甚至持鄙視態度，不屑於修長城。

　　長城是常態化的防禦型軍事工程。在農耕政權與遊牧勢力勢均力敵，或者遊牧勢力薄弱時期，面對小股、分散的襲擾隊伍，長城的防禦功能，容易發揮出較好的效用。而當長城外的遊牧勢力很強大，襲擾隊伍龐大、集中的時候，長城這種一線排開、分兵屯守的防線，或抵擋不住大股精銳騎兵部隊的衝擊，或敵方選擇漫長防禦線薄弱之處進擊，防禦功能就發揮不出來。

　　長城是歷經滄桑的中華文明的見證，已經成為中華民族的

代表性符號和民族精神的重要象徵。這三千年以來的偉大建築，至今橫臥在北中國大地，以傲岸的身姿、磅礡的氣勢聞名於全世界，成為縱橫萬里、獨一無二的立體歷史博物館。

大運河

大運河，中國古代龐大的水利工程，位於中國東部平原，始建於公元前 486 年，是世界上最長的運河，也是世界上開鑿最早、規模最大的運河。大運河總長 2700 千米，包括隋唐大運河、京杭大運河和浙東大運河三部分，跨越地球十多個緯度，被列入世界遺產名錄。

從先秦時期到南北朝時期，古代中國開鑿了大量運河，西到關中，南達廣東，北到華北大平原，都有人工運河，其分佈地區幾乎遍及大半個中國，這些人工運河與天然河流連接起來，可以由河道通達中國的大部分地區。四通八達的水道，為開隋唐大運河奠定了基礎。

隋大業元年（605 年）三月，隋煬帝發河南諸郡男女百餘萬，從板渚引黃河水，注入淮水，開通濟渠。通濟渠分為三段：西段自東都洛陽西苑，引谷水、洛水，東循陽渠故道由洛水注入黃河；中段自洛口到板渚，是利用黃河的自然河流；東段起自板渚，引黃河水走汴渠故道，注入淮水。大業四年（608 年），隋煬帝詔發河北諸郡男女百餘萬開永濟渠，引沁水，南達於河，北通涿郡。大業六年（610 年），隋煬帝下令開江南運河，是在六朝以來所開鑿的江南運河的基礎上加以疏浚而成。

唐朝對南北大運河進行開鑿、疏浚和整理，還對灞水道、褒斜道、嘉陵江故道水道、靈渠和河汾水道也都進行過疏鑿和修浚的整治工程。

　　元朝皇帝忽必烈下令開鑿了濟州河、會通河、通惠河，開鑿了元朝京杭大運河，直通南北，運河從此由江蘇淮安經宿遷、徐州直上山東抵達北京。

　　明清兩代，中央政府高度重視運河漕運，設置漕運總督和河道總督，分別掌管運河漕運管理和運河水利管理。運河沿線的城市也因漕運而繁榮，北方的天津、德州、滄州、臨清等城市迅速發展起來，東南地區的淮安、揚州、蘇州、杭州也成為繁華的都市，並稱運河沿線「四大都市」「東南四都」。

　　大運河充當中國漕運的重要通道歷時 1200 多年。清代中葉後，山東北運河淤塞。道光五年（1825 年）江南糧米便改由海運至天津，再轉北京。1911 年津浦鐵路通車，大運河就逐漸湮廢。到 1949 年前山東境內河段和中運河已不能通航。裏運河水位不穩，時常決堤成災。

　　1949 年中華人民共和國成立後，對運河進行了大規模整修，使其重新發揮航運、灌溉、防洪和排澇的多種作用。國家對裏運河進行了全面整治，興建船閘和節制閘，並開闢新河道使河湖分開。在裏運河的南段開闢瓦舖至六圩港間的入江新航道，縮短了與江南運河間的航程。中運河也經過拓浚和改建。為便利徐州煤炭南運，沿微山湖西側闢了新航道。江南運河原由鎮江市區入江，由於河道狹窄淤淺，已改由諫壁口入江，在諫壁建有大型船閘控制水位。

　　京杭大運河作為南北的交通大動脈，歷史上曾起過「半天

下之財賦，悉由此路而進」的巨大作用。京杭運河，途徑北京、天津、河北、山東、江蘇、浙江六省，北起北京通州區，南到杭州；流經通惠河（北京—河北廊坊）、北運河（河北廊坊—天津）、南運河（天津—山東臨清）、會通河（山東臨清—山東棗莊）、中河（山東棗莊—江蘇淮安）、淮揚運河（江蘇淮安—江蘇揚州）、真揚運河（今江蘇儀徵—江蘇揚州）、江南運河（江蘇鎮江—浙江杭州），全長 1794 千米，是世界上最長的一條人工開鑿的運河。京杭運河通航里程為 1442 千米，其中全年通航里程為 877 千米。京杭大運河作為南北的交通大動脈，對中國南北地區之間的經濟、文化發展與交流有着巨大貢獻，特別是對沿線地區經濟、貿易的發展起了巨大作用。

浙東運河，據考證約在春秋晚期興修，至今已有 2400 多年歷史。越國時稱為「山陰古水道」，從錢塘江開始，流經曹娥江、姚江和甬江，匯入東海。此後，經歷朝歷代的多次整治和疏浚，形成了集灌溉、防洪、運輸等多種功能於一體的水上大動脈。浙東運河西段蕭紹運河，係古代人工疏浚、開鑿而成；浙東運河東段，利用餘姚江天然水道，餘姚江江寬可達 150—250 米，水深約 4—5 米，至寧波市匯入甬江。因運河穿越的錢塘江、曹娥江、甬江的水位高低不一，歷史上只能分段航運。1966 年興建 15—30 噸級升船機多座，1979 年又按 40 噸級標準浚治航道，1983 年全線通航。浙東運河第二期改造工程將航道標準提高為 100 噸級，實施後可直達杭州，與京杭運河聯結。隨着中國旅遊業的發展，現已開闢蘇州至杭州 200 多千米的大運河旅遊業務。

1988 年底建成的京杭運河和錢塘江溝通工程，已將江、河、海銜接起來，構成了以杭州為中心的、以京杭運河與長江、黃

河、淮河、海河、錢塘江五大水系相連通的水運網。整個大運河，除北京到天津、臨清到黃河兩段，其餘河段均已通航。

北京故宮

北京故宮，中國明清兩代的皇家宮殿，舊稱紫禁城，位於北京中軸線的中心。北京故宮以三大殿為中心，佔地面積 72 萬平方米，建築面積約 15 萬平方米，有大小宮殿 70 多座，房屋九千餘間。

北京故宮宮殿沿着一條南北向中軸線排列，三大殿、後三宮、御花園都位於這條中軸線上，並向兩旁展開，南北取直，左右對稱。這條中軸線不僅貫穿在紫禁城內，而且南達永定門，北到鼓樓、鐘樓，貫穿了整個城市。

故宮又稱紫禁城，中國古代用天上的星辰與都城規劃相對應，以突出政權的合法性和皇權的至高性。天帝居住在紫微宮，而人間皇帝自詡為受命於天的「天子」，其居所應象徵紫微宮以與天帝對應，《後漢書》載「天有紫微宮，是上帝之所居也。王者立宮，象而為之」。紫微、紫垣、紫宮等便成了帝王宮殿的代稱。由於封建皇宮在古代屬於禁地，常人不能進入，故稱為「紫禁」。明朝初期同外禁垣一起統稱「皇城」，大約明朝中晚期，與外禁垣區分開來，即宮城叫「紫禁城」，外禁垣為「皇城」。故宮嚴格地按《周禮・考工記》中「前朝後市，左祖右社」的帝都營建原則建造。整個故宮，在建築佈置上，用形體變化、高低起伏的手法，組合成一個整體，在功能上符合封建社會的等級制度。同時達到左右均衡和形體變化的藝術效果。

北京故宮於明成祖永樂四年（1406 年）開始建設，以南京故宮為藍本營建，到永樂十八年（1420 年）建成。它是一座長方形城池，南北長 961 米，東西寬 753 米，四面圍有高 10 米的城牆，城外有寬 52 米的護城河。紫禁城內的建築分為外朝和內廷兩部分。外朝的中心為太和殿、中和殿、保和殿，統稱三大殿，是國家舉行大典禮的地方。內廷的中心是乾清宮、交泰殿、坤寧宮，統稱後三宮，是皇帝和皇后居住的正宮。

1406 年（永樂四年），明成祖朱棣下詔營建北京皇宮。明代北京皇宮是在元大都的基礎上進行改建和擴建，其營建還考察了南京皇宮及臨濠中都皇宮的建築格局。此項工程規模宏大，動議、籌備、建設時間共用了 14 年，其中僅備料（永樂四年至十五年）就延宕 11 年。明廷為此招募天下能工巧匠，用工百萬。施工期（永樂十五年至十八年）歷時 3 年，至 1420 年（永樂十八年），北京皇城竣工。

我們今天看到的紫禁城故宮，基本上是明朝永樂時期所奠定的基礎。外朝以明朝興建的奉天殿、華蓋殿、謹身殿三大殿為中心，是朝廷舉行大典的地方。內廷有乾清宮、交泰殿、坤寧宮、御花園以及東、西六宮等，是皇帝處理日常政務和皇帝、后妃們居住的地方。宮殿南北分為前朝和大內，東西分為三路縱列，中宮和東西六宮，形成眾星拱月的佈局。故宮是中國古代歷朝皇宮的沿襲和集大成，體現了中國歷代王朝的最高營建法式。

北京故宮稱為宮的建築有：乾清宮、坤寧宮、寧壽宮、齋宮、長春宮、翊坤宮、景仁宮、承乾宮、永和宮、鍾粹宮、景陽宮、壽安宮、壽康宮、建福宮、慈寧宮、咸福宮、重華宮、儲秀宮、永壽宮、毓慶宮、延禧宮、景福宮、咸安宮。稱為殿的建築

有：太和殿、中和殿、保和殿、交泰殿、欽安殿、奉先殿、養心殿、皇極殿、太極殿、養性殿、英華殿、寶華殿、體元殿、體和殿、武英殿、南薰殿、文華殿、傳心殿。花園有：御花園、建福宮花園、寧壽宮花園、慈寧宮花園。門有：午門、神武門、太和門、寧壽門、慈寧門、隆宗門、乾清門、景運門、西華門、東華門、皇極門、錫慶門。此外還有樓、閣、亭多座。

　　北京故宮大體上區劃為外朝和內廷兩部分。外朝是皇帝和官員們舉行各種典禮和政治性活動的場所，其範圍是乾清門前廣場以南，以前三殿太和殿（明初稱奉天殿）、中和殿（明初稱華蓋殿）、保和殿（明初稱謹身殿）為中心區，東西兩側分別有文華殿和武英殿兩組建築。內廷是皇帝辦事居住和后妃、太后、太妃、皇帝的幼年子女們的生活區，以後三宮乾清宮、交泰殿、坤寧宮為主體，北有御花園（明稱宮後苑）。後三宮東側有齋宮、東六宮、乾東五所等，稱內東路；最東面即寧壽宮建築組羣（明代是仁壽宮、哆鴛宮、嘈鳳宮等宮殿），稱外東路。後三宮西側有養心殿、西六宮、乾西五所（清代有所改變），稱內西路，最西面是慈寧宮、壽安宮（明代稱咸安宮）、英華殿等，稱外西路。

　　太和殿、中和殿與保和殿，是北京故宮最重要的建築，明清兩代皇帝辦理政務、舉辦朝會的場所。這三幢建築，依次排列於同一高台之上，雄偉壯麗，通稱為三大殿。三大殿在紫禁城內自成為一個龐大的格局，佔地約 87000 平方米，四角佈置着方形重簷歇山的角樓（崇樓），兩旁廊廡連互，圍成一組大院落。太和殿，俗稱金鑾殿，也是中國木結構古建築中規格體制等級最高的建築。明清兩朝 24 個皇帝都在太和殿舉行盛大典禮，如皇帝登基即位、皇帝大婚、冊立皇后、命將出征，此外每年萬壽節、

元旦、冬至三大節，皇帝在此接受文武官員的朝賀，並向王公大臣賜宴。中和殿，位於紫禁城太和殿、保和殿之間。是皇帝去太和殿大典之前休息，並接受執事官員的朝拜的地方。保和殿，位於中和殿後，紫禁城外朝最後的大殿，清代殿試自乾隆五十四年（1789 年）開始在此舉行。

乾清宮、交泰殿、坤寧宮及其相關區域總稱後三宮，包括南起乾清門前的廣場、北至坤寧門，以乾清宮、交泰殿和坤寧宮為主的位於中軸線上的宮殿院落。這裏坐落着皇帝和皇后的正寢宮殿。養心殿，位於乾清宮西側，是一座獨立的工字形宮殿院落，雍正皇帝把養心殿後殿作為寢宮，前殿成為皇帝處理日常政務，接見臣工的地方。乾隆皇帝時又對養心殿加以改造、添建，成為一組集召見羣臣、處理政務、皇帝讀書、學習及居住為一體的多功能建築羣。

北京故宮還有西六宮、東六宮、御花園等建築。

泰山

泰山，古稱「岱山」「岱宗」，綿亙於中國山東中部，東臨大海，西靠黃河，南有汶、泗、淮之水，東西長約 200 千米，南北寬約 50 千米，主脈、支脈、餘脈涉及周邊十餘個縣，盤臥面積達 426 平方千米，主峰玉皇頂高度為海拔 1532.7 米。

泰山是山東丘陵中最高大的山脈，地層為華北地台典型基底和蓋層結構區，南部上升幅度大，蓋層被風化掉，露出大片泰山雜岩基底即太古界泰山羣地層，其絕對年齡 25 億年左右，是中國

最古老的地層之一。北部上升幅度小，蓋層保存典型的華北地台上發育的古生代地層。

泰山地貌分為沖洪積台地、剝蝕堆積丘陵、構造剝蝕低山和侵蝕構造中低山四大類型，在空間形象上，由低而高，造成層巒疊峰、凌空高聳的巍峨之勢，形成多種地形羣體組合的地貌景觀。

泰山上下的氣候呈垂直變化。山腳在 1 月的平均氣溫為 −3℃，山頂為 −9℃。山下 7 月平均氣溫為 26℃，山頂為 18℃。泰山年降水量隨高度而增加，山頂年降水量 1132 毫米，山下只有 722.6 毫米。泰山山下四季分明，山頂三季如春，冬有霧凇晶瑩如玉，為重要景觀之一。泰山冬季較長，結冰期達 150 天，極頂最低氣溫 −27.5℃，形成霧凇雨凇奇觀。泰山春季風沙較大。

泰山河溪以玉皇頂為分水嶺。北有玉符河、大沙河注入黃河，東面石汶河、馮家莊河、南面梳洗河、西溪，西面泮汶河，均注入大汶河。由於泰山地形高峻，河流短小流急，侵蝕力強，河道受斷層控制，因而多跌水、瀑布，谷底基岩被流水侵蝕多呈穴狀，積水成潭，容易形成潭瀑交替的景觀。泰山的瀑布，主要有黑龍潭瀑布、三潭迭瀑和雲步橋瀑布。泰山因裂隙構造發育，所以裂隙泉分佈極廣，從岱頂至山麓，泉溪爭流，山高水長，有名的泉水數十處，如王母泉、月亮泉、玉液泉、龍泉、黃花泉、玉女池等。

泰山的古樹名木，現有 34 個樹種，計萬餘株。其中著名的有漢柏凌寒、掛印封侯、唐槐抱子、青檀千歲、六朝遺相、一品大夫、五大夫松、望人松、宋朝銀杏、百年紫藤等，每一株古樹都是歷史的見證，歷經風霜，成為珍貴的自然遺產。

泰山崛起於華北平原之東，凌駕於齊魯平原之上，東臨煙波浩渺的大海，西靠源遠流長的黃河，南有汶、泗、淮之水，與平

原、丘陵相對高差 1300 米，形成強烈的對比，因而在視覺上顯得格外高大的節奏感和「一覽眾山小」的高曠氣勢；山脈綿亙 100 餘千米，盤臥 426 平方千米。

五岳是中國五大名山的總稱，一般指東岳泰山、西岳華山、南岳衡山、北岳恆山、中岳嵩山。五岳為羣山之尊，泰山為五岳之長。自古以來，中國人就崇拜泰山，有「泰山安，四海皆安」的說法。古代歷朝歷代不斷在泰山封禪和祭祀，自秦始皇開始到清代，先後有 13 代帝王引次親登泰山封禪或祭祀，另外有 24 代帝王遣官祭祀 72 次，並在泰山上下建廟塑神，刻石題字。古代的文人雅士對泰山仰慕備至。泰山宏大的山體上留下了 20 餘處古建築羣，2200 餘處碑碣石刻。

泰山最富盛名的登山線路，自登山盤路的起始點一天門經中天門至南天門，全長 5.5 千米，幾乎全部為盤路，共有 6290 級台階。主要景點包括岱宗坊、關帝廟、一天門、孔子登臨處、紅門宮、萬仙樓、斗母宮、經石峪、壺天閣、中天門、雲步橋、五松亭、望人松、對松山、夢仙龕、升仙坊、十八盤等。岱頂的主要景觀有南天門、月觀峰、天街、白雲洞、孔子廟、碧霞祠、唐摩崖、玉皇頂、探海石、日觀峰、瞻魯台等。

杭州西湖

西湖，位於中國浙江省杭州市區西部，景區總面積 49 平方千米，匯水面積為 21.22 平方千米，湖面面積為 6.38 平方千米。

西湖南、西、北三面環山，湖中白堤、蘇堤、楊公堤、趙公

堤將湖面分割成若干水面。西湖的湖體輪廓呈近橢圓形，湖底部較為平坦。湖泊天然地表水源是金沙澗、龍泓澗、赤山澗（慧因澗）、長橋溪四條溪流。

西湖地處中國東南丘陵邊緣和亞熱帶北緣，年均太陽總輻射量在 100—110 千卡／平方厘米之間，日照時數 1800—2100 小時。

西湖有 100 多處公園景點，有「西湖十景」「新西湖十景」「三評西湖十景」之說，有 60 多處國家、省、市級重點文物保護單位和 20 多座博物館，有斷橋、雷峰塔、錢王祠、淨慈寺、蘇小小墓等著名景點。

西湖形成於距今 12000 年前，是由海灣逐漸演變而生的一個潟湖。2000 多年前的秦漢時期，西湖還是錢塘江的一部分，由於泥沙淤積，在西湖南北兩山吳山和寶石山山麓，逐漸形成沙嘴，此後兩沙嘴逐漸靠攏，最終毗連在一起成為沙洲，在沙洲西側形成了一個內湖，即為西湖。

西湖全面開發、基本定型於吳越國和南宋時期。五代十國時期的吳越國（907—960 年），以杭州為都城，在西湖周圍興建大量寺廟、寶塔、經幢和石窟，擴建靈隱寺，創建昭慶寺、淨慈寺、理安寺、六通寺和韜光庵等，建造保俶塔、六和塔、雷峰塔和白塔。北宋後期元祐五年（1090 年），著名詩人蘇軾上《乞開杭州西湖狀》，同年四月，動員 20 萬民工疏浚西湖，並用挖出來的葑草和淤泥，堆築起自南至北橫貫湖面 2.8 千米的長堤，在堤上建六座石拱橋，自此西湖水面分東西兩部，而南北兩山始以溝通。後人為紀念蘇軾，將這條長堤稱為「蘇堤」。1127 年，南宋定都臨安，杭州成為全國的政治、經濟、文化中心，人口激增，經濟繁榮，進入了發展的鼎盛時期，西湖的風景名勝從此廣為人知。

西湖風景名勝區以湖為主體，以植物造景為主，輔以亭、台、樓、閣、廊、榭、橋、汀。環湖四周，綠蔭環抱，山色蔥蘢，畫橋煙柳，雲樹籠紗。逶迤羣山之間，林泉秀美，溪澗幽深。傳統的「西湖十景」是蘇堤春曉、麯院風荷、平湖秋月、斷橋殘雪、柳浪聞鶯、花港觀魚、雷鋒夕照、雙峰插雲、南屏晚鐘、三潭印月。1985 年評選的「西湖新十景」是雲栖竹徑、滿隴桂雨、虎跑夢泉、龍井問茶、九溪煙樹、吳山天風、阮墩環碧、黃龍吐翠、玉皇飛雲、寶石流霞。

桂林山水

桂林山水，位於廣西壯族自治區桂林市，中國十大風景名勝之一。桂林位於廣西壯族自治區東北部，東經 109°36′至 111°29′、北緯 24°15′至 26°23′，平均海拔 150 米。桂林是世界著名的風景遊覽城市，有着舉世無雙的喀斯特地貌。桂林的山，平地拔起，千姿百態；灕江的水，蜿蜒曲折，明潔如鏡；山多有洞，洞幽景奇；洞中怪石，鬼斧神工，琳琅滿目，於是形成了山青、水秀、洞奇、石美的「桂林四絕」，自古就有「桂林山水甲天下」的美稱。

桂林風景資源十分豐富，尤以山水取勝。唐朝詩人韓愈的「江作青羅帶，山如碧玉簪」的詩句，是桂林山水的最佳寫照。桂林山水洞石渾然一體的景象組合，舉世無雙。而煙雨、光影、植物、動物、田園、村舍、名園、古跡，則被稱為桂林風景的八勝。這些自然風景，融合成桂林各具特色的 16 個風景區和數百個風景點。

桂林處處皆勝景，灕江山水堪稱其中的典範。灕江風光尤以桂林陽朔為最，「桂林山水甲天下，陽朔山水甲桂林；羣峰倒影山浮水，無山無水不入神」，高度概括了陽朔自然風光的美。灕江自桂林至陽朔83千米水程，是廣西東北部喀斯特地形發育最典型的地段，河流依山而轉，尤以草坪、楊堤、興坪為勝，有浪石奇景、九馬畫山、黃布灘等美景。灕江兼有山青、水秀、洞奇、石美四絕，還有洲綠、灘險、潭深、瀑飛之勝。歷經1400多年的西街，是陽朔最古老最繁華的街道，也是陽朔重要的旅遊景點之一。

桂林的兩江四湖，是指由榕湖、杉湖、桂湖、木龍湖、灕江、桃花江組成的一條環城水系。兩江四湖，是集秀美的自然山水、悠遠的歷史文化、迷幻多姿的風情演繹和現代科技於一體的桂林名片。乘船夜遊兩江四湖，可欣賞到象鼻山、伏波山、叠彩山、老人山、寶積山等十多座傳統名山和名勝古跡、名橋名樹、亭台樓閣、博覽園，感受璀璨華燈、山水搖曳的夜桂林。

桂林市區灕江邊有一座山酷似大象，因此而得名象鼻山，象鼻山以其別具一格的山形和悠久的歷史成為桂林城徽標誌，是桂林市內旅遊必去景點。象鼻與象身之間的水月洞是傳統的桂林十大美景之一。

在形成桂林山水的地殼運動中，還形成了無數的溶洞，可謂是無山不洞，無洞不奇。蘆笛岩景區距離桂林市區約七千米，是一個以遊覽岩洞為主、觀賞山水田園風光為輔的風景名勝區。蘆笛岩洞深240米，游程500米，洞內有大量奇麓多姿、玲瓏剔透的石筍、石乳、石柱、石幔、石花，組成獅嶺朝霞、紅羅寶賬、盤龍寶塔、原始森林、水晶宮、花果山等景觀，琳琅滿目，如同仙境，被譽為「大自然的藝術之宮」。

當代中國地理

徐永清　著

責任編輯　黃嗣朝
裝幀設計　鄭喆儀
排　　版　黎　浪
印　　務　劉漢舉

出版　　中華書局（香港）有限公司
　　　　香港北角英皇道 499 號北角工業大廈一樓 B
　　　　電話：（852）2137 2338　　傳真：（852）2713 8202
　　　　電子郵件：info@chunghwabook.com.hk
　　　　網址：http://www.chunghwabook.com.hk

發行　　香港聯合書刊物流有限公司
　　　　香港新界荃灣德士古道 220-248 號
　　　　荃灣工業中心 16 樓
　　　　電話：（852）2150 2100　　傳真：（852）2407 3062
　　　　電子郵件：info@suplogistics.com.hk

印刷　　美雅印刷製本有限公司
　　　　香港觀塘榮業街 6 號 海濱工業大廈 4 樓 A 室

版次　　2024 年 1 月初版
　　　　© 2024 中華書局（香港）有限公司

規格　　32 開（210mm×145mm）

ISBN　　978-988-8861-08-8